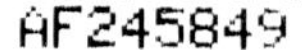

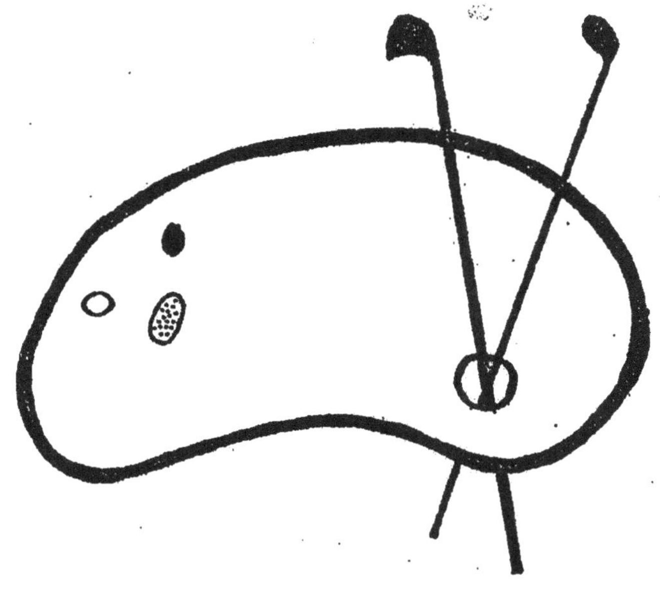

DEBUT D'UNE SERIE DE DOCUMENTS
EN COULEUR

SCIENCE ET RELIGION
Études pour le temps présent

La Publicité du Culte Catholique

DE LA LIBERTÉ DU CULTE PUBLIC. — DES CÉRÉMONIES
EXTÉRIEURES DU CULTE. — DES PROCESSIONS. — PORT
DU SAINT VIATIQUE. — DES CONVOIS FUNÈBRES. —
ÉRECTION DES STATUES, CALVAIRES, ETC.

PAR

l'Abbé Lucien CROUZIL

Docteur en Droit
Docteur en Droit canonique
Professeur à l'Institut catholique de Toulouse

PARIS

LIBRAIRIE BLOUD & Cie

4, RUE MADAME ET RUE DE RENNES, 59

1904

SCIENCE ET RELIGION

Études pour le temps présent. — Prix 0 fr. 60 le vol.

1 **Certitudes scientifiques et Certitudes philosophiques,** par A. DE LA BARRE, prof. à l'Institut catholique de Paris...   1 vol.

2 **L'Ame de l'homme,** par J. GUIBERT, supérieur du Séminaire de l'Institut catholique de Paris............................ 1 vol.

3 **Faut-il une religion ?** par M. l'abbé GUYOT, ancien professeur de Théologie .... 1 vol.

4 *Du même auteur :* **Pourquoi y a-t-il des hommes qui ne professent aucune religion ?**...................... 1 vol.

5 **Nécessité scientifique de l'existence de Dieu,** par Pierre COURBET..................................... 1 vol.

6 *Du même auteur :* **Jésus-Christ est Dieu**............... 1 vol.

7 8 9 **Etudes sur la Pluralité des mondes habités et le dogme de l'Incarnation,** par le R. P. ORTOLAN, membre de l'Académie de Saint-Raymond de Pennafort et de la Société astronomique de France................................. 3 vol.
I. — *L'Epanouissement de la vie organique à travers les Plaines de l'infini*.................................... 1 vol.
II. — *Soleils et Terres célestes*........................ 1 vol.
III. — *Les Humanités astrales et l'Incarnation*........... 1 vol.
Chaque volume se vend séparément.

10 **L'Au-delà ou la Vie future d'après la Foi et la Science,** par M. l'abbé J. LAXENAIRE, de l'Académie de Saint-Thomas d'Aquin, professeur de Théologie....................... 1 vol.

11 **Le Mystère de l'Eucharistie. — Aperçu scientifique,** par M. l'abbé CONSTANT, docteur en Théologie.............. 1 vol.

12 **L'Eglise catholique et les Protestants,** par G. ROMAIN.   1 vol.

13 **Mahomet et son œuvre,** par I.-L. GONDAL, supérieur du grand séminaire de Toulouse............................... 1 vol.

14 15 **Christianisme et Bouddhisme,** par M. l'abbé THOMAS, vicaire général de Verdun................ 2 vol. Prix : 1 fr. 20

16 **Où en est l'Hypnotisme,** son histoire, sa nature et ses dangers, par A. JEANNIARD DU DOT........................ 1 vol.

17 *Du même auteur :* **Où en est le Spiritisme,** sa nature et ses dangers.. 1 vol.

18 **L'Apologétique historique au XIX° siècle. — La critique irréligieuse de Renan.** (*Les précurseurs. — La Vie de Jésus. — Les adversaires. — Les résultats*), par l'abbé Ch. DENIS.   1 vol.

19 **Nature et Histoire de la liberté de conscience,** par le chanoine CANET, docteur en philosophie et ès lettres de l'Université de Louvain.......................... 1 vol.

20 **L'Animal raisonnable et l'Animal tout court,** *Etude de Psychologie comparée,* par C. DE KIRWAN............... 1 vol.

21 **La Conception catholique de l'Enfer,** par L. BRÉMOND, docteur en Théologie .... 1 vol.

22 **L'Eglise russe,** par I.-L. GONDAL...................... 1 vol.

23 **La Fausse Science contemporaine et les Mystères d'Outre-tombe,** par le R. P. ORTOLAN.................. 1 vol.

24 *Du même auteur :* **Vie et Matière ou Matérialisme et Spiritualisme en présence de la Cristallogénie**.......... 1 vol.

25 *Du même auteur :* **Matérialistes et Musiciens**........ 1 vol.

26 **Le Mal,** sa nature, son origine, sa réparation. *Aperçu philosophique et religieux,* par M. l'abbé CONSTANT............. 1 vol.

27 **Dieu auteur de la vie,** par M. l'abbé THOMAS, vicaire général de Verdun............................... 1 vol.

28 *Du même auteur :* **La Fin du monde d'après la Foi.**   1 vol.

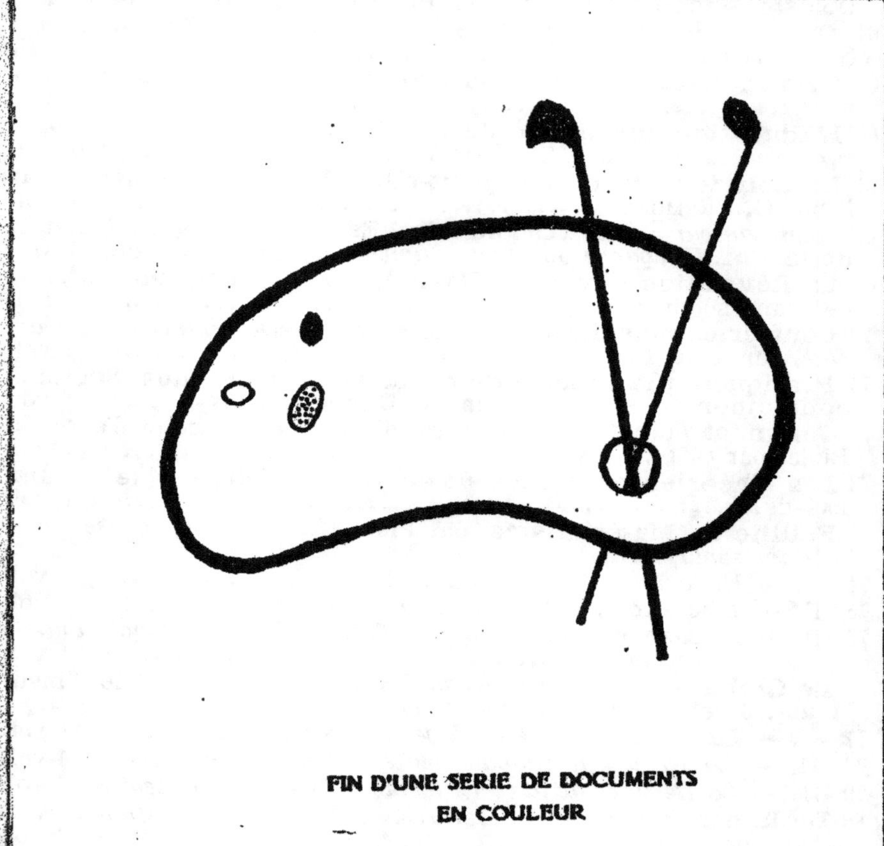

FIN D'UNE SÉRIE DE DOCUMENTS
EN COULEUR

LA
PUBLICITÉ DU CULTE CATHOLIQUE

OUVRAGES DE M. L'ABBÉ L. CROUZIL

Questions de Droit civil et ecclésiastique

Les Traitements ecclésiastiques. 1 volume in-12
Prix. . . . . 0 fr. 60

Etablir le caractère *d'indemnité* des traitements ecclésiastiques, montrer *l'illégitimité de leur suppression* par mesures disciplinaires, démontrer *le peu de fondement juridique de la distinction entre allocation et traitements proprement dits*, tel a été le triple objectif de l'auteur.

De la Location des sièges d'église. 1 volume in-12
Prix. . . . . 0 fr. 60

Le Catholicisme dans les Pays Scandinaves.
2e édit. 2 vol. in-12, *se vendant séparément.*
I. *Danemark et Islande.* Prix. . . . . 0 fr. 60
II. *Norwège et Suède.* Prix . . . . 0 fr. 60

Faire une histoire sommaire du catholicisme en Scandinavie, nous montrer ses récents progrès, nous instruire sur son état actuel, nous faire entrevoir son avenir, tel est le but que s'est proposé M. Crouzil.

La Publicité du Culte Catholique

DE LA LIBERTÉ DU CULTE PUBLIC. — DES CÉRÉMONIES EXTÉRIEURES DU CULTE. — DES PROCESSIONS. — PORT DU SAINT VIATIQUE. — DES CONVOIS FUNÈBRES. — ÉRECTION DES STATUES, CALVAIRES, ETC.

PAR

l'Abbé Lucien CROUZIL

Docteur en Droit
Docteur en Droit canonique
Professeur à l'Institut catholique de Toulouse

PARIS

LIBRAIRIE BLOUD & Cie

4, RUE MADAME ET RUE DE RENNES, 59

1904

La publicité du Culte Catholique.

CHAPITRE I

DE LA LIBERTÉ DU CULTE PUBLIC

Le culte catholique ne comporte pas seulement des cérémonies et des exercices religieux à l'intérieur des églises et des chapelles, il comporte aussi des cérémonies extérieures, sur les routes, dans les rues ou sur les places publiques. Ces manifestations en plein air avaient lieu dès les temps les plus reculés et peuvent invoquer en leur faveur une prescription vingt fois séculaire ; de plus, l'on peut et l'on doit voir en elles un symbole de la catholicité, de l'universalité de l'Église qui partout rend à Dieu l'adoration qui lui est due.

L'article 1 du Concordat semblait permettre cet exercice public du culte catholique et cette entière liberté dans les manifestations religieuses : « La religion catholique, apostolique et romaine sera *librement* exercée en France : *son culte sera public...* » Mais ce même article contient une restriction par laquelle le culte catholique n'est plus, en réalité, librement exercé en France ; il ajoute en effet aux paroles déjà citées, celles-ci : « en se conformant aux règlements de police que le gouvernement jugera nécessaires pour la tranquillité publique ». Cela a permis au gouvernement agissant par décret, aux préfets et aux maires, agissant dans le département et dans la commune par voie d'arrêté, de rendre illusoire la liberté qui semblait promise.

Comme, en pratique, ce sont les magistrats municipaux qui ont porté le plus d'atteintes à cette liberté, comme l'interdiction des processions et du port solennel du saint Viatique, la proscription des croix et des emblêmes religieux sont dans leur compétence, comme, par suite, c'est par eux que se réalisent les dangers que pouvait faire prévoir la restriction de l'article 1 du Concordat, nous ne nous occuperons dans cet ouvrage que des pouvoirs des maires et des droits que les catholiques peuvent leur opposer.

Je ne veux pas faire ici œuvre de polémiste et combattre longuement la manière mesquine et étroite de comprendre la liberté, manière qui semble être devenue traditionnelle dans bien des communes de France ; je me contenterai de citer quelques lignes de M. l'abbé Gayraud qui me semblent condamner d'une façon saisissante l'œuvre antilibérale des prétendus amis de toutes les libertés et de tous les droits : « Si « les catholiques, au nom de la liberté de cons- « cience, prétendaient interdire tout cortège « qui offense leur foi et blesse leurs sentiments, « que diraient messieurs de la libre-pensée ? Ils « trouveraient sans doute, et avec raison, que « la liberté ainsi entendue ne diffère en rien de « l'intolérance déclarée. » Je leur dis à mon tour : « Votre liberté n'est que le masque hypocrite

« de votre intolérance sectaire. » Une opinion
« peut être jugée fausse et déplaire ; sa mani-
« festation publique peut être jugée importune et
« déplaire également ; mais si tout ce qui déplait
« à quelqu'un dans les opinions des autres et
« dans leurs manifestations publiques consti-
« tuait juridiquement une violation de son
« droit à la liberté de pensée et de conscience,
« où serait la liberté d'autrui ? Non, le droit com-
« mun des citoyens à la liberté ne doit pas être
« entendu de la sorte. Ce n'est pas le droit d'em-
« pêcher les autres d'avoir, d'exprimer et de
« manifester en paix leurs opinions religieuses ;
« c'est le droit d'en avoir soi-même, de les ex-
« primer et de les manifester pacifiquement sans
« en être empêché. En quoi la manifestation pu-
« blique, paisible et calme, sans insultes ni vio-
« lence d'aucune sorte, d'une idée ou d'un sen-
« timent qu'on ne partage pas, fait-elle obstacle
« à la liberté de pensée et viole-t-elle la liberté
« de conscience de personne ?... »

« Quand donc saurons-nous, en France, pra-
« tiquer la liberté ? Quand donc les citoyens
« sauront-ils manifester leurs opinions pacifique-
« ment, sans injurier personne, sans commettre
« aucune violence, sans rien détruire, en res-
« pectant tous les droits d'autrui ? Quand donc la
« police laissera-t-elle les citoyens manifester
« de la sorte à leur fantaisie, déployer les cou-
« leurs qui leur plaisent, acclamer les hommes
« et les idées qui les enthousiasment ? Voilà
« pour moi la liberté (1). »

J'ajouterai seulement à ces quelques lignes
de M. Gayraud, que presque partout, à l'étranger,
on comprend mieux la liberté qu'en France, où,

(1) Abbé GAYRAUD, *La République et la paix religieuse*,
p. 202 et 205.

suivant le mot d'un illustre orateur, on inscrit ce nom de liberté sur tous les murs comme pour indiquer une chose perdue. Pour ne citer que des exemples pris dans les pays protestants ; à Christiania, en pleine Norvège, les processions circulent librement et la police leur fait cortège ; à Londres, les processions sortent dans toutes les paroisses et ne rencontrent sur leur chemin que des témoignages de respect ; en Hollande, il y a beaucoup de localités où les processions extérieures ont lieu tous les dimanches ; en Allemagne, enfin, n'avons-nous pas vu, tout dernièrement, l'empereur lui-même participer à une cérémonie extérieure du culte catholique ?

Et pendant ce temps en France, dans le pays qui se dit le champion du droit et prédestiné à donner au monde l'exemple de toutes les libertés, ce même culte catholique doit se cacher dans les églises et dans les sacristies. Et nous devrions craindre peut-être de lui voir enlever bientôt ces derniers refuges, si près de vingt siècles de foi et de traditions fermement catholiques n'étaient pour nous un gage assuré de temps meilleurs.

CHAPITRE II

DES CÉRÉMONIES EXTÉRIEURES DU CULTE

I. *Définition.* — Pour qu'il y ait cérémonie extérieure du culte catholique il faut que deux éléments soient réunis : 1° que cette cérémonie ait lieu en dehors d'une église ; 2° qu'elle soit faite en public. La présence de ces éléments résultera des circonstances.

La cérémonie doit d'abord avoir lieu hors de l'église. Il en sera ainsi lorsque le point principal de l'action dans une cérémonie sera transporté en dehors du temple, c'est-à-dire en dehors des portes. C'est ainsi qu'il n'y aura pas cérémonie extérieure si la foule des fidèles est telle qu'il faille ouvrir le portail de l'église et si cette foule reflue sur la voie publique, d'où l'on aperçoit l'autel illuminé et les assistants prosternés, d'où l'on entend aussi les chants religieux et la voix du prédicateur : en pareil cas, en effet, la cérémonie a pour centre l'intérieur du temple : « Le maire, dit M. Marie, peut faire disperser la foule qui se presse aux portes et déborde sur la place publique, si cette foule est tumultueuse, si la circulation est interrompue, mais la cérémonie elle-même ou ceux qui y participent ne peuvent être incriminés, ou bien il faudrait faire à la raison et à la liberté une violence ridicule (1). »

Mais il n'en serait pas de même, il y aurait cérémonie extérieure, si le curé d'une paroisse installait sous le porche de son église un reposoir et, les portes étant grandes ouvertes, donnait la bénédiction du saint Sacrement au peuple massé tant dans l'église qu'à l'extérieur (2).

Pour être extérieure, la cérémonie doit en second lieu être faite en public, c'est-à-dire pour le public et en vue du public, alors même que le lieu où se produit la manifestation serait

(1) MARIE, *Régime légal des paroisses*, p. 125.
(2) *Cour de Cassation*, 19 *février* 1887. — La Cour, etc... — Sur le deuxième moyen tiré de ce que la manifestation incriminée s'étant produite dans les dépendances extérieures de l'église, ne rentrerait pas dans les termes de l'arrêté municipal susvisé :
Attendu que le jugement attaqué constate souverainement que le 27 juin 1886, l'abbé George a installé sous le porche de l'église de Charenton un reposoir sur lequel des cierges étaient allumés, les portes de l'église étant grandes ouvertes, et ce en vue de la bénédiction qui devait suivre et, qui s'en est, en effet, suivie ;
Attendu que, dans ces circonstances de fait ainsi relatées, c'est avec raison que le jugement attaqué a déclaré que le fait imputé au demandeur tombait sous le coup de l'arrêté municipal et, par suite, sous l'application de l'article 471, § 15, du Code pénal ;
Qu'en effet cet arrêté prohibe d'une manière absolue « toutes manifestations extérieures du culte » ; que la manifestation du culte qui se produit non dans l'intérieur d'une église, mais sous le porche de cette église constitue nécessairement une manifestation extérieure du culte ; qu'aucun texte de loi n'établit, d'ailleurs, une immunité spéciale au regard des arrêtés de police, pour les manifestations du culte qui se produisent dans les dépendances extérieures des églises et que, par suite, l'interdiction prononcée par ledit arrêté était applicable au fait incriminé ;
Par ces motifs, rejette le pourvoi formé par l'abbé George, etc...

un lieu privé. C'est ainsi que la Cour de cassation considère qu'il y a une cérémonie extérieure du culte lorsque cette cérémonie est accomplie sur une tour dépendante d'une habitation bordant la voie publique, et en présence d'une foule convoquée à l'avance qui encombre les rues voisines (1).

De même, la Cour de cassation a décidé qu'il y a cérémonie extérieure l'orsqu'une procession est faite dans un enclos bordé par des voies publiques et des maisons habitées, alors que cet enclos est assez élevé pour que les passants puissent bien voir la procession, alors que le public a été convoqué à l'avance et que l'entrée de l'enclos lui a été ouverte (2).

(1) *Cour de Cassation*, 26 *mai* 1882. — La Cour, etc... — Sur le troisième moyen, pris d'une fausse application de l'arrêté municipal et de l'art. 471 n° 15 du Code pénal, en ce que le jugement attaqué a étendu à une manifestation extérieure du culte, dans un lieu privé, l'interdiction que cet arrêté n'établit et ne pouvait établir que pour les manifestations extérieures et publiques ;

Attendu qu'il résulte des constatations du jugement, lesquelles sont souveraines, que la cérémonie religieuse qui a lieu sur une tour, dépendante d'une habitation bordant la voie publique, sur le point le plus élevé des édifices de Confolens, en vue du public, en présence d'une foule convoquée à l'avance, provoquée à se réunir pour cet objet, et qui encombrait les rues environnantes, était une manifestation extérieure du culte essentiellement publique, et non un acte du culte se reproduisant dans l'intérieur du domicile, sans publicité ;

Attendu que le juge de police a reconnu et a déclaré, avec raison, en cet état des faits, qu'une pareille manifestation devait être, au double point de vue du but et du résultat, assimilée à une manifestation sur la voie publique, et qu'en statuant ainsi, il a exactement appliqué les dispositions légales de l'arrêté municipal et, par suite, l'article 471, n° 15, du Code pénal ;

Par ces motifs, sans s'arrêter à l'exception d'abus, qui est déclarée non recevable ; rejette, etc..

(2) *Cassation*, 4 *mars* 1892. — La Cour, etc... Sur le pre-

II. *Un maire peut-il interdire les cérémonies extérieures du culte et même les simples manifestations extérieures de ce culte ?* — En principe, nous l'avons vu, les cérémonies du culte catholique sont libres, même à l'extérieur des églises (art. 1 du Concordat), mais elles peuvent être interdites par les maires : 1° dans les villes où il y a des temples consacrés à différents cultes, en vertu de l'art. 45 des Organiques et 2° dans toutes les communes, par mesure de police générale.

1° En vertu de l'art. 45 des Organiques. — Cet article est ainsi conçu : « Aucune cérémonie religieuse n'aura lieu hors des édifices consacrés au culte catholique dans les villes où il y a des temples consacrés à différents cultes. » « Après douze années de tourmente révolutionnaire, dit Jauffret, on avait cru devoir, par cette mesure, prévenir les querelles et les rixes que certains

mier moyen, tiré de la violation de l'arrêté interdisant les processions, en ce qu'il a été appliqué à tort à une procession organisée dans un lieu privé ;

Attendu qu'il résulte des constatations souveraines du jugement entrepris que la cérémonie religieuse a eu lieu dans un enclos bordé par des voies publiques et des maisons habitées ; que ce clos est en terre-plein et assez surélevé pour que les passants aient pu suivre toutes les phases de la procession ; que le public avait été convoqué à l'avance et que l'entrée du clos lui avait été ouverte;

Attendu qu'en l'état de l'ensemble des faits, le tribunal a déclaré avec raison qu'une pareille manifestation devait être assimilée à une procession sur la voie publique et qu'en statuant ainsi, il a exactement appliqué les dispositions légales de l'arrêté municipal et, par suite, de l'article 471, n° 15, du Code pénal ;

Attendu, d'ailleurs, que le jugement est régulier en la forme ;

Par ces motifs ;

Rejette le pourvoi des abbés Morel et Décheneaud contre le jugement du tribunal de simple police de La Mure (Isère), en date du 9 novembre 1891.

actes publics de la religion auraient pu faire
naître, dans les villes d'une grande population,
entre des personnes professant des religions
diverses. Plusieurs consistoires protestants,
mûs par un esprit de modération, de tolérance
et de paix, exprimèrent leurs regrets de ce qu'ils
étaient un obstacle à l'exercice extérieur du
culte catholique et demandèrent que les cérémonies de ce culte pussent avoir lieu, comme
autrefois, hors de l'enceinte des églises. Les
préfets furent autorisés à le permettre, dans
tous les lieux où ils le croiraient sans inconvénient pour la tranquillité publique : quelques-uns
usèrent de cette faculté ; d'autres, dans la crainte
de troubler la paix, ou moins bien disposés en
faveur de la religion, préférèrent ne point s'écarter des dispositions de la loi. L'existence d'un
temple protestant ou d'une synagogue et la
seule présence de trois ou quatre individus
d'une même communion, étaient à leurs yeux
un motif suffisant pour interdire dans une paroisse toute cérémonie extérieure. Il fut alors
décidé : 1° que la diversité des cultes ne devait
s'entendre que de ceux dont la loi s'était spécialement occupée ; 2° que c'était dans les communes seulement où, conformément aux articles
organiques des cultes protestants, il y aurait
une église consistoriale, que les cérémonies du
culte catholique devaient être prohibées hors
des édifices consacrés à l'exercice de ce culte.
Le ministre de l'intérieur eut ordre d'en instruire les préfets. Des instructions furent en
même temps données pour que ces actes ne
devinssent point une occasion ou un prétexte de
trouble. Elles portaient qu'on devait se conformer à l'usage de l'Eglise pour tout ce qui était
relatif aux processions, puisque la loi n'avait
rien précisé à cet égard ; que l'autorité locale

n'avait pas le droit d'en régler le mode, etc.....»

« Plusieurs grandes villes, telles que Lyon, Marseille, Bordeaux, étaient dans le cas de la prohibition ; mais les préfets trouvèrent moyen de tout concilier en plaçant, de concert avec les protestants, le chef-lieu de l'église consistoriale dans l'un des faubourgs de la ville ou dans une commune voisine.

« Ailleurs, les catholiques zélés firent des tentatives infructueuses pour obtenir la même faveur. Les préfets s'opposèrent constamment à ce que leur vœu fût rempli ; ils prétendirent que si la bonne intelligence régnait dans leurs départements entre ceux qui professaient une religion différente, c'était à la rigoureuse exécution de la loi qu'on le devait (1). »

Il n'était pas inutile de citer ce passage de Jauffret, parce qu'il émane d'un auteur parfaitement au courant des affaires ecclésiastiques du 1er Empire et qu'il nous révèle, par suite, le véritable esprit avec lequel fut d'abord appliqué l'article 45 des Organiques.

S'il reste acquis que cet article 45 n'est pas nécessairement applicable dans toutes les communes qu'il vise ; que doit-on entendre par ces mots : *temples consacrés à différents cultes ?* peut-on prétendre vraiment aujourd'hui que le mot *temple* ne désigne que les églises consistoriales, c'est-à-dire celles qui comptent au moins 6.000 habitants de la même communion religieuse ?

Il est tout d'abord certain qu'il ne s'agit ici que des temples appartenant à l'un des cultes reconnus ; la seule présence dans une commune de sectateurs d'un culte dissident non auto-

____

(1) V. Jauffret, *Mémoires historiques sur les affaires ecclésiastiques de France*, t. I, p. 242.

risé ne saurait motiver l'application de l'article 45 et nuire au libre exercice du culte catholique.

Jusqu'en 1852 l'interdiction de faire des cérémonies extérieures n'était applicable, eu égard aux cultes protestants, que là où existait une église consistoriale régulièrement établie; l'église consistoriale fut en effet jusqu'alors celle qui eut seule l'existence légale.

Mais en 1852, l'organisation des cultes protestants a subi des changements notables ; à l'intérieur des circonscriptions consistoriales, l'on a créé des paroisses administrées par des conseils presbytéraux. Nous croyons donc, avec MM. Dubief et Gottoffrey (1), que, les temples érigés dans les paroisses étant devenus, depuis 1852, des temples dans le sens légal de ce mot, l'interdiction de l'article 45 de la loi de germinal an X peut s'étendre à toutes les communes où est établie une paroisse protestante. Il est très vrai que nous aboutissons ainsi à une décision contraire aux intérêts et aux droits des catholiques, mais n'est-ce pas vouloir être trop habile que de prétendre tirer parti en notre faveur de textes de loi manifestement défavorables ? Sans doute l'interprétation traditionnelle n'a longtemps appliqué qu'aux chefs-lieux des églises consistoriales l'article 45, et Portalis lui-même interprétait le mot *temple* dans le sens d'édifice desservant une communauté de 6.000 âmes, mais il ne nous paraît pas douteux que Portalis eût adopté notre théorie s'il eût vécu après 1852 ; il a parlé comme il pouvait parler sous le 1er Empire, mais il n'a pas évidemment entendu préjuger de la question pour l'avenir ; au surplus, son interprétation n'a t-elle qu'une valeur doctrinale.

(1) V. Dubief et Gottofrey, *Traité de l'administration des cultes*, t. I, p. 261 s.

Quoi qu'il en soit, jusqu'en 1882, la jurisprudence a été fidèle à l'opinion exprimée par Portalis ; mais à partir d'un décret sur abus du 27 juillet 1882, l'Assemblée générale du Conseil d'Etat s'est prononcée pour l'opinion contraire (1) et depuis lors ne s'en est pas écartée.

Il est certain que la prohibition des Organiques ne saurait s'appliquer dans les localités où il n'existe qu'un simple oratoire protestant, un simple lieu de culte, sans administration propre, sans conseil presbytéral et sans pasteur.

2º Le maire peut interdire les cérémonies extérieures du culte en vertu de son droit de police générale, qui permet de prendre les mesures propres à assurer la circulation et à prévenir les désordres. Tel n'est pas cependant l'avis de tous les auteurs ; certains, Gaudry entre autres, prétendent que les arrêtés de l'autorité administrative ne peuvent prévaloir contre une loi et qu'ici le Concordat, l'une de nos lois les plus importantes, pourrait être modifié au gré d'un agent municipal.

Ceci est théoriquement fort juste, mais en pratique, l'on doit bien reconnaître que les termes des articles 94 et 97 de la loi du 5 avril 1884 sont trop larges pour qu'il soit possible de dénier aux maires le droit d'interdire,—même les cérémonies religieuses, lorsque l'ordre public est menacé. Ici, même, les maires sont allés plus loin que lorsqu'ils ont voulu appliquer l'article 45 des Organiques, car la simple manifestation religieuse pouvant compromettre l'ordre public, ils ont employé volontiers dans leurs arrêtés l'expression *manifestation du culte*

(1) *D.* 27 *juillet* 1882, *Taillet* ; *D.* 9 *mars* 1894, *abbé Iteney.* V. note de Sirey, 1896-3-17.

dont le sens est infiniment plus élastique. En vertu de l'art. 45, les maires ne peuvent interdire que les *cérémonies*, c'est-à-dire les actes religieux prévus par le rituel, tels que les processions, les processions du saint Sacrement en particulier, le port du saint Viatique, etc... Au contraire, en vertu de la loi de 1884 les autres actes religieux ont pu être interdits sous prétexte de protection de la liberté des rues.

Et qui ne voit qu'ici le chemin est ouvert à tout arbitraire, et qu'il est loisible aux magistrats municipaux de supprimer presque entièrement la liberté du culte? La seule limite que le Conseil d'État ait clairement établie est que l'exhibition sur la voie publique d'emblèmes religieux ne constitue pas une manifestation qui puisse être interdite sans abus (1). Il est inutile de faire re-

(1) V. Hauriou, *Précis de droit administratif et de droit public général* (5e édition), p. 168 note. — *V. D.* 3 *mars* 1894, *abbé Iteney*; *et D. du* 31 *mars* 1901, *abbé Devin.* Ce dernier décret est rapporté dans la *Revue administrative du culte catholique,* de novembre 1901, p. 327 ; en voici le considérant qui nous intéresse : « Le Conseil d'État, considérant... *que si les maires ne peuvent sans abus interdire d'une façon générale et par mesure de police le port d'insignes religieux sur le territoire de leur commune,* il résulte de l'arrêté du 14 juin 1900 que le maire de Sainte-Florine n'a prononcé la prohibition relative aux insignes religieux qu'en tant que le port des dits insignes constitue un des éléments des cérémonies auxquelles, dans la commune où il n'y a pas de temple consacré à un autre culte, le clergé paroissial peut procéder, lorsqu'il prend part à la cérémonie civile de l'inhumation sur la voie publique... » — Aux termes d'un arrêt de la Cour de cassation du 23 janvier 1896, est légale l'interdiction prononcée par un arrêté préfectoral, dans un intérêt de tranquillité publique, de porter ou d'exposer sur la voie publique tout autre drapeau que les drapeaux aux couleurs nationales françaises ou étrangères ou servant d'insignes à des sociétés autorisées ou approuvées. Ceci exclut de toute faveur le drapeau du Sacré-Cœur, auquel, malgré ses trois couleurs, la jurisprudence ne reconnaît pas la qualité de drapeau français.

marquer que cette limitation n'a pas de base juridique : pourquoi s'arrêter ici plutôt que là ? du moment que l'on a permis à l'autorité municipale d'empiéter à ce point sur la liberté du culte, il semble que ce soit par scrupule que le Conseil d'Etat ne la sacrifie pas complètement.

Il n'est pas indifférent de savoir si un maire qui interdit les processions motive son arrêté par l'art. 45 des Organiques ou par les articles 94 et 97 de la loi du 5 avril 1884 ; dans le second cas, l'article 471, n° 15, du Code pénal, est applicable pour toute infraction à cet arrêté ; la sanction est une amende de 1 à 5 francs et, en cas de récidive, l'emprisonnement de 3 jours au plus. Dans le 1er cas, au contraire, les articles organiques n'ayant indiqué aucune sanction, aucune pénalité n'est encourue (1).

(1) V. *Arrêt de la Cour de cassation*, 6 mai 1899. — La Cour, etc... — Attendu qu'à la date du 6 juin 1879, le Préfet de Seine-et-Oise, saisi de deux lettres par lesquelles le pasteur de l'église réformée et le rabbin de l'église israélite de Versailles réclamaient l'application dans cette ville de l'article 45 de la loi du 18 germinal an X, a pris un arrêté ainsi conçu : « Considérant qu'il existe dans la ville de Versailles des temples destinés aux différents cultes dans le sens de l'article 45 de la loi du 18 germinal an X et que les représentants des cultes non catholiques ont qualité pour demander que les dispositions de cet article soient appliquées dans ladite ville, arrête : article 1er, les processions sont interdites sur le territoire de la ville de Versailles. »

Attendu qu'à la suite d'un procès-verbal dressé contre lui par le commissaire de police de Versailles et constatant qu'il aurait organisé et fait circuler une procession sur la voie publique et célébré une cérémonie religieuse hors de l'église consacrée au culte catholique, le demandeur a été poursuivi devant le tribunal de police et condamné à 2 francs d'amende pour contravention à l'arrêté préfectoral susvisé ; que c'est contre ce jugement qu'a été formé le pourvoi.

Sur le moyen tiré de la violation par fausse application de l'article 471, n° 15, du Code pénal, en ce que l'article 45 de

III. *Devant quelles juridictions les arrêtés des maires ou des préfets peuvent-ils être attaqués ?* — Les juridictions qui peuvent être saisies d'un litige, à la suite d'un arrêté du maire interdisant les processions sont, ou bien l'assemblée générale du Conseil d'Etat statuant sur recours pour abus, ou le tribunal de simple police, ou le Conseil d'Etat statuant sur recours pour excès de pouvoir.

1º L'assemblée générale du Conseil d'Etat. — Cette assemblée, à l'exclusion de toute autre

la loi du 18 germinal an X qui interdit les cérémonies religieuses hors des édifices consacrés au culte catholique, dans les villes où il y a des temples consacrés aux différents cultes, ne prononçant aucune peine pour infraction à ces dispositions, l'arrêté préfectoral qui, dans l'espèce, n'était en réalité qu'un rappel à l'exécution du dit article 45 n'a pu servir de base légale à l'application de la pénalité édictée par ledit article 471, nº 15, du Code pénal :

Attendu qu'il résulte du titre de l'article 45 de la loi du 18 germinal an X et de l'esprit qui l'a inspiré, que la prohibition édictée par cet article en vue de protéger la liberté de conscience de tous, vise exclusivement l'existence dans la même ville de temples destinés à différents cultes, et que, pour ce cas spécial, les infractions à cette prohibition sont dépourvues de toute sanction pénale et ne relèvent que de la juridiction disciplinaire ;

Attendu qu'il appartient sans doute à l'autorité préfectorale et à l'autorité municipale, agissant chacune dans la sphère de leurs attributions respectives et dans la limite des pouvoirs de police que la loi confère à chacune d'elles, de prendre, dans un intérêt de sûreté générale et en vue d'assurer le maintien du bon ordre et de tranquillité publique, des arrêtés prohibant les processions et autres cérémonies sur la voie publique, sous la sanction pénale édictée par l'article 471, § 15, mais que tel n'est pas le cas dans l'espèce sur laquelle a statué le jugement attaqué ; — qu'en effet, l'arrêté préfectoral qui a servi de base à la poursuite se fonde, pour interdire les processions, dans la ville de Versailles, non sur des considérations de sûreté, d'ordre ou de tranquillité publique, mais uniquement sur l'existence dans la ville de Versailles de temples destinés à différents cultes, seule hypothèse sur laquelle a

juridiction, peut être saisie d'un recours pour abus contre tout arrêté prohibant totalement ou en partie les cérémonies extérieures du culte catholique (articles 7 et 8 de la loi du 18 germinal an X). En pareil cas, le motif allégué doit être la violation de la liberté du culte. — Le recours pour abus peut être intenté par toute personne intéressée, soit d'une façon principale, c'est-à-dire par un recours en annulation indépendant de toute poursuite, soit à l'occasion d'une poursuite intentée devant le tribunal de simple police pour infraction à l'arrêté incriminé ; dans cette seconde hypothèse, toute personne poursuivie peut soulever devant la juridiction de simple police l'exception d'abus, c'est-à-dire prétendre que l'acte de l'autorité administrative viole les droits religieux des citoyens.

Si un prêtre prévenu d'avoir enfreint un arrêté municipal, interdisant une cérémonie ou une manifestation extérieure du culte, soutient qu'il a agi dans l'exercice de ses fonctions et que le fait qui lui est reproché ne constitue tout au plus qu'un abus ecclésiastique, le juge n'est pas tenu de surseoir jusqu'à ce que le Conseil

statué le législateur dans l'article 45 susvisé ; qu'il n'existe, ni dans la loi de l'an X, ni dans aucune loi, un texte déléguant au pouvoir exécutif, dans le cas spécial prévu par l'article 45, le droit d'assurer par une sanction pénale, l'exécution des prescriptions dudit article ;

Attendu, d'autre part, qu'il n'a été produit à l'appui de la poursuite aucun arrêté municipal interdisant les processions dans la ville de Versailles par mesure d'ordre et de police ;

Attendu que la règle, *nulla pœna sine lege*, est une règle absolue dont il appartient à la Cour de garantir la stricte observation ;

Par ces motifs... casse et annule le jugement du tribunal de simple police de Versailles du 23 juillet 1897...

d'Etat se soit prononcé sur l'abus. L'exception invoquée tend en effet à soumettre la poursuite elle-même au Conseil d'Etat et, comme le dit M. Fédou (1), « rien n'autorise à croire que les articles 6 et 7 de la loi du 18 germinal an X aient établi une immunité en faveur des ecclésiastiques pour leurs actes qui constitueraient des crimes, des délits ou des contraventions. En pareille circonstance, la règle générale écrite dans les articles 1 et 2 du code d'Instruction criminelle sur l'indépendance et la liberté entière de l'action publique conserve son empire. Telle est la jurisprudence actuelle du Conseil d'Etat et de la Cour de cassation (2)... »

Mais lorsque, ainsi que nous le supposions tout à l'heure, un prévenu se défend en disant que, par son arrêté, le maire a porté atteinte à l'exercice public du culte et à la liberté garantie à ses ministres, le juge est tenu de surseoir à statuer. L'exception proposée tend à faire annuler le titre lui-même de la poursuite ; seul le Conseil d'Etat a pouvoir en cette matière. S'il déclare abusif l'arrêté du maire, sa décision supprime le principe même de la poursuite ; s'il décide, au contraire, qu'il n'y a pas abus dans l'arrêté qui lui est soumis, le juge de police reprend l'examen de l'action publique comme si aucune exception n'eût été soulevée (3).

---

(1) V. Fédou. — *Traité pratique de la police du culte* (10e édition), p. 329.

(2) Voici cependant l'exacte jurisprudence de la Cour de cassation depuis un arrêt du 10 juillet 1901 : l'action du ministère public peut s'exercer librement ; quant à l'action des particuliers, suivant la Chambre criminelle, elle doit être libre, suivant la Chambre des requêtes, elle doit être précédée d'une déclaration d'abus.

(3) *Cassation*, 5 *décembre* 1878, 25 *mars* 1880, 11 *août* 1881,

Le prévenu doit soulever lui-même l'exception préjudicielle, le juge du fond n'est pas tenu de la soulever d'office. Cette exception n'étant établie qu'en faveur du prévenu ne peut être proposée pour la première fois devant la Cour de cassation (1).

19 *avril* 1883, 23 *février* 1884, 15 *mai* 1896, 17 *décembre* 1897 ; *Conseil d'Etat, D.* 23 *décembre* 1901.

(1) *Cour de Cassation*, 11 *août* 1881. La Cour ; — Sur le premier moyen, tiré d'une violation des articles 6, 7 et 8 de la loi du 18 germinal an X, en ce que le juge de police aurait dû surseoir au jugement du fond jusqu'à ce que le Conseil d'Etat eût statué sur la question d'abus soulevée par la poursuite du ministère public :

Vu les articles précités ; — Vu l'article 1er de l'arrêté du maire d'Alger en date du 23 mai 1878, lequel est ainsi conçu : « Les processions sur la voie publique sont interdites dans la commune. »

Attendu que l'abbé Laffite, vicaire de la paroisse Saint-Augustin, à Alger, a été traduit devant le tribunal de simple police pour avoir contrevenu à l'arrêté municipal susvisé en conduisant processionnellement à l'église, à travers certaines rues de la ville, les enfants des deux écoles qui devaient faire leur première communion ;

Que, devant le tribunal, il n'a pas contesté la régularité de l'arrêt, qu'il s'est borné à prétendre que ce règlement de police visait surtout les processions de la Fête-Dieu et ne pouvait s'appliquer à la cérémonie religieuse, décrite par le procès-verbal ;

Attendu que les articles 6, 7 et 8 de la loi du 18 germinal an X n'apportent aucun obstacle à la mise en mouvement de l'action publique ; que le Tribunal était donc régulièrement saisi et devait statuer sur la poursuite, sauf à surseoir au jugement du fond jusqu'après décision du Conseil d'Etat, dans le cas où le prévenu, se fondant sur l'article 7 de la loi du 18 germinal an X, aurait excipé d'un abus de la part de l'autorité municipale ;

Que l'exception n'ayant pas été soulevée, le Tribunal n'avait pas à la suppléer d'office et qu'il le pouvait d'autant moins que la légalité de l'arrêté était reconnue par l'inculpé lui-même ;

Que, par voie de conséquence, il est inadmissible qu'une exception de cette nature puisse être proposée pour la première fois devant la Cour de cassation, etc...,

En ce qui concerne les motifs pour lesquels les manifestations extérieures du culte peuvent être interdites sans qu'il y ait abus, le Conseil d'Etat a établi les règles suivantes : 1° il n'y a pas d'abus dès que la condition matérielle de l'existence d'un temple de dissidents est réalisée, quelle que soit l'importance numérique de la communauté dissidente ; 2° ces mêmes manifestations peuvent être interdites par mesure de police générale, pour assurer la commodité de la circulation dans les rues et la tranquillité publique, pourvu que cette interdiction soit motivée par la préoccupation du bon ordre, ce qui apparaît tant dans les considérants que dans le dispositif de l'arrêté (1). — Mais s'il apparaît nettement que l'interdiction n'est pas motivée par le bon ordre, mais par toute autre considération plus ou moins avouée, il y a lieu à déclaration d'abus.

M. Hauriou fait à ce sujet une importante et intéressante remarque : « Il est deux questions qui ne semblent pas avoir été soulevées devant la juridiction d'abus, mais qui pourraient l'être : 1° Un maire qui, se fondant sur la police de la circulation et de la tranquillité, n'interdit que les processions religieuses, alors que des cortèges laïques peuvent présenter les mêmes inconvénients et les mêmes dangers, ne commet-il pas, par cela même, un abus ? Cette partialité ne constitue-t-elle pas une atteinte à la liberté de conscience, susceptible de dégénérer en oppression ? N'y a-t-il pas là quelque chose d'analogue au détournement de pouvoir ? Remarquons que le Conseil d'Etat au contentieux

<hr>

(1) *D. 30 janvier 1894, abbé Charbonneau ; D. 20 février 1896, abbé Martin ; 5 mars 1896, abbé Couffy ; 7 janvier 1897, abbé Mœris ; 1ᵉʳ juillet 1897, abbé Dauphin, etc...,*

a décidé que la partialité évidente dans un arrêté interdisant la circulation à certaines sociétés musicales constitue un détournement de pouvoir (C. E., 1er avril 1887, *Saint-Germain-en-Laye*); que la jurisprudence de la Cour de cassation est conforme (Cass. 19 février 1887, *Joligny*) et enfin que la juridiction d'abus a admis le principe du détournement de pouvoir dans une autre hypothèse (D. 7 août 1895, *abbé Lesage*). 2° Un maire qui, se fondant sur la police de la circulation et de la tranquillité, interdit les processions religieuses par arrêté permanent ne commet-il pas, par cela même, un abus? Les préoccupations relatives à la commodité de la circulation et à la tranquillité publique sont naturellement journalières; le fait qu'il a été pris un arrêté permanent n'est-il pas l'indice de l'intention de porter atteinte à la liberté de conscience? » (1).

Pour ce qui concerne la première de ces deux hypothèses, nous sommes absolument du même avis que M. Hauriou. Le détournement de pouvoir est le fait d'un administrateur qui use de son pouvoir dans les formes régulières, mais en sortant de l'esprit de ses fonctions ; or, tel est bien le cas du maire, qui, chargé d'assurer la tranquillité publique, détourne ses pouvoirs de leur véritable but pour léser dans leurs droits religieux certains de ses concitoyens. — Mais dans la seconde hypothèse, il nous semble que le seul caractère de permanence d'un arrêté ne suffit pas à le vicier, car les causes qui motivent l'interdiction portée par un maire sont, dans bien des cas, permanentes et exigent une réglementation de durée analogue.

2° Le tribunal de simple police. — Les tribu-

(1) HAURIOU, *Précis,* p. 167. note 2.

naux de simple police sont appelés à examiner les arrêtés des maires interdisant les cérémonies extérieures dans le cas d'infraction à ces arrêtés; ils font en pareil cas application de l'article 471, n° 15, du Code pénal : « Seront punis d'une amende depuis 1 franc jusqu'à 5 francs... 15° Ceux qui auront contrevenu aux règlements *légalement* faits par l'autorité administrative et ceux qui ne se seront pas conformés aux règlements ou arrêtés publiés par l'autorité municipale, en vertu des articles 3 et 4 du titre I de la loi du 16-24 août 1790 et de l'article 46, titre I, de la loi du 19-22 juillet 1791. » Mais — et ceci est une remarque fort importante — le tribunal ne doit faire application d'une peine qu'autant qu'il ne reconnaît pas l'arrêté comme illégal. Le juge, d'après l'article 471 qui parle des règlements *légalement* faits par l'autorité administrative, et d'après une jurisprudence constante de la Cour de cassation, peut et doit se demander, non seulement si l'arrêté est actuellement en vigueur, s'il a reçu la publicité prescrite par la loi, s'il est ou non sanctionné par l'amende, etc.., mais encore si l'arrêté est légal, c'est-à-dire vérifier s'il est pris dans le cercle des attributions de l'autorité dont il émane (1). Son pouvoir s'étend donc au delà des caractères accidentels ou accessoires de l'arrêté, il peut juger du fond même de l'acte administratif qui sert de base à la poursuite et décider s'il est ou non conforme à la loi.

(1) **V.** notamment le *Jugement du tribunal de simple police de Troyes du 23 août* 1901. « Attendu, dit ce jugement, que d'après le principe édicté en l'article 471, n° 15, du Code Pénal et d'après une jurisprudence constante de la Cour de cassation, il est du droit et du devoir du juge de police de vérifier la légalité des arrêtés municipaux et *de vérifier notamment si l'arrêté qui lui est soumis est pris dans le cercle des attributions de l'autorité dont il émane.* »

En revanche, le tribunal de simple police ne doit pas relever *d'office* la circonstance de l'atteinte portée à la liberté du culte, il doit même ne pas statuer, s'il en est saisi (1). Il n'a pas à se demander quelles sont les manifestations que l'autorité civile a le droit d'interdire sans abus ; il peut et doit seulement se demander si l'arrêté a été pris dans le cercle des attributions de l'autorité municipale. Si oui, le tribunal de simple police juge comme si l'arrêté était légal et ne préjuge nullement de son caractère abusif ; si l'on soulève devant lui l'exception d'abus, il surseoit à statuer jusqu'à la décision du Conseil d'Etat.

En ce qui concerne les motifs pour lesquels les manifestations extérieures du culte peuvent être interdites par mesure de police, la juridiction civile admet les solutions suivantes qui concordent assez bien d'ailleurs avec la jurisprudence de la juridiction d'abus : 1° Elle admet que l'art. 45 des Organiques autorise l'interdiction dans toutes les villes où il existe des temples consacrés à différents cultes (Cass. 6 mai 1899, *curé de Versailles*) ; mais elle

____

(1) *Cassation*, 11 *août* 1881 (Sirey, 1883-1-388). *Cassation*, 26 *avril* 1902, rapporté dans l'*Avocat du clergé* de 1902, p. 130. « Attendu, porte ce dernier arrêt, que les conclusions sus-relatées des prévenus avaient posé au tribunal une véritable question d'abus, aux termes de l'article 7 de la loi du 18 germinal an X ; que, d'après ledit article combiné avec les articles 6 et 8 de la même loi, le Conseil d'Etat était seul compétent pour en connaître et l'avait d'ailleurs résolue ;

« D'où il suit qu'en s'attribuant, comme les prévenus le lui demandaient, la connaissance de l'abus qu'ils alléguaient, le tribunal a excédé ses pouvoirs et violé les articles de loi visés au moyen ;

« Casse, mais dans l'intérêt de la loi seulement, le jugement du tribunal de police correctionnelle de Brioude du 5 novembre 1901. »

déclare que, dans l'état actuel de notre législation, la contravention à l'article 45 de la loi du 18 germinal an X n'est réprimée par aucune disposition pénale. 2° Elle reconnaît que l'interdiction peut être fondée sur la police générale de la tranquillité et de la sécurité et alors l'arrêté est muni de sanction pénale.

3° Le Conseil d'Etat statuant sur recours pour excès de pouvoir. — Il y a quelquefois intérêt à porter les réclamations contre les arrêtés de police qui interdisent les manifestations extérieures du culte, devant le Conseil d'Etat statuant au contentieux, car les ouvertures au recours pour excès de pouvoir sont beaucoup plus larges que celles du recours pour abus.

Il faut néanmoins tenir compte d'une règle qui domine toute cette matière : le recours pour excès de pouvoir est fermé lorsqu'il y a ouverture à recours pour abus. Le recours pour excès de pouvoir est en effet une voie de nullité qui confère au Conseil d'Etat une juridiction spéciale, et le Conseil d'Etat n'entend pas qu'on l'accuse d'user de cette compétence spéciale pour empiéter sur le domaine des autres juridictions et de ressusciter ainsi le système des évocations du Conseil du roi (1).

---

(1) D. C-E. 22 *décembre* 1876, *abbé Badaroux* ; 23 *mai* 1879, *évêque de Fréjus* ; 23 *juin* 1899, *maire de Mattaincourt* ; 15 *mars* 1901, *Lecointre et Renouard*. Voici le texte de ce dernier arrêt :

Le Conseil, vu la loi du 5 avril 1884 ; — vu la loi du 18 germinal an X ; vu les lois du 7-14 octobre 1790 et 24 mai 1872,

Considérant, d'une part, que l'interdiction des processions sur la voie publique de la ville de Poitiers, prononcée par l'article premier de l'arrêté du 8 mai 1897, est une mesure de police qu'il appartenait au maire de prendre sous l'autorité de l'administration supérieure et sauf le recours pour abus qui compète à toute personne intéressée en vertu

Mais il y a des cas dans lesquels il n'y a pas lieu à recours pour abus et dans lesquels le recours pour excès de pouvoir pourrait être utilement employé. M. Hauriou en cite deux : 1° celui où un arrêté de police aurait interdit toutes les manifestations sur la voie publique, aussi bien les manifestations civiles que les mafestations religieuses; dans ce cas il y a atteinte directe, non à la liberté du culte mais à la liberté de la circulation ; 2° le cas de l'arrêté de police qui interdit une manifestation religieuse composée de laïques et non accompagnée de cérémonie. La jurisprudence déclarant qu'il n'y a pas abus dans un tel arrêté, sous le prétexte qu'il n'est motivé que sur la police de la circulation, ne doit-on pas admettre, en revanche, la recevabilité du recours pour excès de pouvoir ? M. Hauriou propose alors de distinguer la *cérémonie* du culte qui continuerait à relever du

des articles 7 et 8 de la loi du 18 germinal an X, tout acte de l'autorité civile qui porterait atteinte à l'exercice public du culte :

Que, dès lors, cet article premier n'est pas susceptible d'être déféré au Conseil d'Etat par la voie du recours pour excès de pouvoir en vertu des lois du 7.14 octobre 1790 et du 24 mai 1872.

Considérant, d'autre part, que si l'article 2 de l'arrêté précité a prohibé la circulation ou le stationnement dans les rues et sur les places publiques d'un ou plusieurs groupes d'individus qui donnent à la manifestation un caractère religieux, soit par leur chants soit par les emblèmes dont ils sont porteurs, soit par tout autre moyen, il résulte des termes mêmes de l'arrêté attaqué que le maire a eu uniquement pour but d'interdire toute manifestation de nature à gêner la circulation ou provoquer des désordres ; qu'ainsi il a agi dans la limite des attributions de police qui lui sont conférées par les articles 94 et 97 de la loi du 5 avril 1884 ;

Décide :

La requête susvisée des sieurs Lecointre et Renouard est rejetée.

recours pour abus et la *manifestation* de l'opinion religieuse par cortège processionnel qui ne relèverait que de la police de la rue et, par conséquent, de l'excès de pouvoir, comme toute autre manifestation ou cortège (1).

Je proposerai à cette théorie une légère modification. A mon avis, il ne faut guère s'arrêter au caractère de cérémonie ni de manifestation que visent les arrêtés des maires, il faut uniquement considérer le but poursuivi, qui, le plus souvent, apparaîtra nettement par la rédaction elle-même de l'arrêté. Tel arrêté, en supprimant les *cérémonies* ou les simples *manifestations* du culte, a-t-il eu pour but direct et immédiat de porter atteinte à la liberté du culte ? (dans les deux cas, qu'il s'agisse de simples manifestations ou de cérémonies, la chose est fort possible). — Il y a ouverture à recours pour abus et tout autre recours est interdit. — Si, au contraire, le libre exercice du culte public n'est pas attaqué comme tel, c'est-à-dire n'est pas directement mis en cause, mais n'est atteint qu'au même titre que la liberté des autres manifestations ou cortèges, le recours pour excès de pouvoir doit librement s'exercer. Ce qui nous a conduit à formuler ainsi cette théorie, c'est que l'article 7 des Organiques ouvre le recours pour abus contre toute atteinte à l'exercice public du culte (2) sans distinguer entre cérémonies et manifestations. Or, il peut y avoir exercice public du culte indépendamment de toute cérémonie ; la prière publique, par exemple, n'est pas une cérémonie, mais une manifestation publique du culte. Il

_____

(1) V. Hauriou, *op. cit.*, p. 170.
(2) Art. 7 de la loi du 18 germinal an X : « Il y aura pareillement recours au conseil d'Etat, s'il est porté atteinte à l'exercice public du culte et à la liberté que les lois et les règlements garantissent à ses ministres. »

convient donc d'admettre le recours pour abus contre tout arrêté qui vise directement les *manifestations* aussi bien que contre ceux qui visent les *cérémonies*.

En dehors de ces trois voies de recours, les intéressés, c'est-à-dire le curé, les conseillers de fabrique et même les habitants de la paroisse peuvent recourir au préfet pour lui demander d'annuler un arrêté municipal interdisant les cérémonies ou manifestations extérieures du culte ou pour le prier d'en suspendre l'exécution ; l'article 95 de la loi du 5 avril 1884 donne en effet aux préfets le droit d'annuler ou de suspendre les arrêtés des maires. Mais il faut reconnaître que cette démarche le plus souvent sera sans effet.

CHAPITRE III

DES PROCESSIONS

I. *Définition*. — Une procession est un cortège religieux avec chants et prières, présidé par un prêtre revêtu de son surplis ou des ornements sacerdotaux et comportant habituellement la présence de serviteurs de l'église, tels que suisses, bedeaux ou enfants de chœur.

Mais la jurisprudence ne s'en est pas tenue à cette notion précise et vraiment liturgique de la procession ; elle juge du caractère processionnel de tel ou tel cortège en se basant sur trois caractères assez peu précis ; elle tend à considérer comme procession tout cortège où elle reconnaît les trois éléments suivants : 1° le concours du clergé et du peuple ; 2° l'ordre dans le parcours ; 3° le but religieux.

C'est ainsi qu'elle considère comme procession : 1° le fait de conduire solennellement à l'église un certain nombre de petits garçons et de petites filles qui vont faire leur première communion, s'il y a dans le cortège un prêtre précédé du suisse et de quelques enfants en costume (1) ; 2° le cortège dirigé par des prêtres

(1) V. Béquet. — *Répertoire de droit administratif*, V° *Cultes*, p. 567, note. — *Cour de Cassation*, 11 août 1881.

marchant en ordre solennel et composé de groupes déployant des bannières qui portent des inscriptions ou emblèmes religieux. Il importe peu d'ailleurs que le cortège ne fût pas précédé de la croix et ne fît entendre ni chants, ni prières et que les ecclésiastiques n'eussent pas revêtu leurs ornements sacerdotaux (1), etc...

En revanche, suivant la jurisprudence il n'y a pas de procession dans les cas suivants : 1° lorsqu'un certain nombre d'habitants d'une même paroisse accompagnent à la gare, avec le curé, un prédicateur qui venait de prêcher une mission et reviennent en chantant des cantiques, si d'ailleurs il n'y a aucune exhibition d'objets servant au culte, ni port d'habits sacerdotaux, ni marche processionnelle (2) ; 2° lorsqu'un curé

(1) *Cassation*, 12 *février* 1897. — La cour... Attendu qu'il est souverainement constaté, par le jugement entrepris, qu'à leur arrivée en gare de Reims, le 24 juin dernier, les membres d'un pèlerinage d'hommes organisé à Paris, sous la direction des demandeurs et d'autres ecclésiastiques, se sont formés en cortège, suivant certaines dispositions arrêtées d'avance, et se sont dirigés vers la cathédrale, marchant en ordre solennel, les prêtres et religieux occupant une place spéciale en raison de leur qualité : qu'à la vérité le cortège n'était pas précédé de la croix et ne faisait entendre ni chants, ni prières ; que, d'autre part, les ecclésiastiques présents n'avaient pas revêtu leurs ornements sacerdotaux ; mais que plusieurs des groupes composant ledit cortège avaient déployé et arboré des bannières portant des inscriptions ou des emblèmes religieux ;

Attendu, qu'en déduisant de ces faits ainsi constatés que le cortège formé en gare de Reims et conduit à la cathédrale de cette ville, sous la direction des demandeurs et d'autres membres du clergé, constituait une procession interdite par l'arrêté susvisé du 10 juin 1879, le juge de police n'a ni méconnu le sens juridique du mot « procession », ni violé aucune disposition légale ;

Et attendu que le jugement est régulier en la forme ; rejette, etc...

(2) *Cour de Cassation*, 16 *janvier* 1888. — La Cour, etc...

va en habits sacerdotaux avec les prêtres et le personnel de l'église, avec une croix et une bannière, chercher à son domicile un nouveau prêtre pour le conduire à l'église où il doit célébrer sa première messe. Ici il n'y a pas, à proprement parler, concours du clergé *et du peuple* ni cérémonie prévue par le Rituel (1) ; 3° lorsqu'une présidente de patronage conduit des enfants et des jeunes filles à l'église, bannière en tête, alors que ces jeunes filles marchent sur deux rangs, sans gêner toutefois la circulation (2); 4° lorsqu'un évêque après avoir administré le sacrement de confirmation traverse la voie publique pour se rendre de l'église au presbytère et qu'il effectue ce trajet revêtu de ses ornements pontificaux, précédé d'un suisse, accompagné de prêtres et d'enfants porteurs d'oriflammes, alors que le juge ne relève d'ailleurs à la charge de l'inculpé ni organisation et direction d'un cortège préparé à l'avance,

— Attendu que les arrêtés de police pris par les maires en vertu d'une délégation du pouvoir législatif participent de la nature de la loi et s'y incorporent ; qu'au pouvoir judiciaire appartient le droit d'interpréter les arrêtés municipaux : qu'aux termes de l'article 3 du Code civil, c'est non seulement un droit mais aussi un devoir ;

Attendu, qu'en décidant que le fait reproché au prévenu d'avoir, avec d'autres personnes, conduit à la gare du chemin de fer un prêtre missionnaire en chantant des cantiques, ne constituait en l'absence d'emblèmes religieux, et alors que le curé Deleuze ne portait aucun habit sacerdotal, que les assistants ne marchaient point en cortège ordonné, ni une cérémonie, ni une manifestation extérieure du culte ; le jugement attaqué a fait une saine et exacte application de l'arrêté du maire de Nézignan-l'Evêque du 15 février 1884.

Attendu, d'ailleurs, que le jugement attaqué est régulier en la forme ;

Par ces motifs, rejette...

(1) *Tribunal de simple police de Roubaix*, 27 *janvier* 1898.

(2) *Tribunal de simple police de Pont-sur-Yonne*, 26 *février* 1898.

ni port d'emblèmes ayant un caractère religieux, ni chants sur la voie publique, etc. (1)...
5° lorsque des individus se mettent en marche, précédés d'un emblème religieux et circulent dans les rues en chantant des psaumes et des cantiques, alors que cette marche n'a été organisée ni dirigée par des membres du clergé et qu'aucun ministre du culte n'a figuré parmi les assistants (2). Il importe peu que les manifestants aient été reçus successivement dans une ou plusieurs églises par des prêtres revêtus d'ornements sacerdotaux, si ces prêtres ne sont pas sortis de l'église et n'ont pas pris place dans les rangs de la manifestation circulant sur la voie publique (3); 6° lorsqu'un évêque, accom-

____

(1) *Cour de Cassation*, 1er *décembre* 1899. — La Cour, etc... Attendu qu'il résulte des constatations du jugement attaqué que, le 26 juin 1899, le demandeur venu dans la commune de Saint-Georges-sur-Cher pour y donner la confirmation, a, après avoir procédé dans l'église à la cérémonie religieuse, traversé la voie publique pour se rendre de l'église au presbytère qui en est séparé par une distance de dix mètres et qu'il a effectué ce trajet sur la voie publique, revêtu de ses habits sacerdotaux, précédé du suisse en grande tenue et accompagné de prêtres et d'enfants porteurs d'oriflammes, qui l'ont conduit au presbytère où il était descendu lors de son arrivée dans la commune ; que le jugement ne relève à la charge de l'inculpé ni organisation ni direction d'un cortège préparé à l'avance, ni port d'emblèmes ayant un caractère religieux, ni chant sur la voie publique de cantiques ou de psaumes, ni aucun fait caractéristique de la procession ou de tout autre cérémonie religieuse ;
Attendu qu'en cet état de faits ainsi constatés, c'est à tort que le juge de police a prononcé contre le demandeur la pénalité édictée par l'article 471, n° 15, du Code pénal ;
Par ces motifs, casse et annule le jugement du tribunal de simple police de Montrichard du 22 novembre 1898.
(2) *Cour de Cassation*, 12 *février* 1897, 1er arrêt.
(3) *Cour de Cassation*, 12 *février* 1897, 2e arrêt. — « Attendu que le jugement attaqué constate bien que, à la

pagné du curé de la paroisse, d'enfants de chœur et d'un certain nombre de fidèles se rend, sans vêtements pontificaux et sans qu'il y ait aucun chant, à un lieu distant de l'église d'environ 200 mètres pour y poser la première pierre d'un hospice (1) ; 7° lorsqu'on se rend au cimetière le jour de la Toussaint pour y réciter des prières, si toutefois l'itinéraire suivi est celui des enterrements et si, pour revenir à l'église, il y a séparation du clergé et des assistants (2), etc... (3)

suite d'un avis inséré dans un journal et de lettres convoquant les catholiques de Poitiers ayant pour objet une protestation en faveur du rétablissement des processions, un grand nombre de personnes se sont rendues, le 14 juin dernier, à la cathédrale de cette ville, et que s'étant munies de bannières et formées en cortège, elles ont parcouru plusieur rues sous la conduite de commissaires en chantant des hymnes et des cantiques, mais qu'il ne constate pas que ce cortège ait été organisé ou dirigé par des ministres du culte, ni qu'aucun desdits ministres y ait figuré d'une manière quelconque ; que si les manifestants ont été reçus successivement dans deux églises par des prêtres en habits sacerdotaux, ces prêtres ne sont pas sortis de ces églises et n'ont pas pris place dans les rangs de la manifestation circulant sur la voie publique.

« Que, en l'état des faits ainsi constatés, le jugement attaqué, en attribuant à cette manifestation le caractère d'une procession religieuse, au sens de l'arrêté municipal susvisé, a faussement appliqué et, par suite, violé ledit arrêté ;

« Par ces motifs, casse et annule le jugement rendu par le tribunal correctionnel de Poitiers le 6 juillet dernier... »

Postérieurement à cet arrêt, le maire de Poitiers prit un arrêté par lequel il interdisait la circulation et le stationnement sur la voie publique de tout groupement d'individus qui donneraient à leurs manifestations un caractère religieux. Cet arrêté ayant été déféré au Conseil d'Etat, celui-ci a déclaré qu'il n'était pas entaché d'abus par un décret du 23 juillet 1898. (*Avocat du clergé*, 1901, p. 81.)

(1) *Tribunal de simple police de Pantin*, 7 août 1896.

(2) *Tribunal de simple police de Condrieu*, 4 décembre 1895. (*Défenseur des Conseils de fabrique*, xx, p. 220.)

(3) Il convient de citer ici, comme curiosité juridique, le

II. *Organisation et police des processions.* —
Si dans une commune aucun arrêté du préfet
ou du maire n'a interdit les processions, c'est
au curé seul qu'appartient le droit de les organiser et de les diriger, conformément aux
prescriptions liturgiques et à l'usage. C'est donc
le curé qui assignera sa place à chacun des
assistants, qui fixera l'itinéraire à suivre, etc.
Mais si le maire voyait quelque inconvénient à
ce que tel ou tel itinéraire fût choisi, le curé
devrait le changer, car l'autorité municipale
chargée du bon ordre et de la libre circulation dans les rues, seule est juge des mesures à
prendre à ce sujet. Toutefois, le droit du maire
ne va pas jusqu'à lui permettre de fixer l'itinéraire ; il a plutôt un droit de veto. « Le maire,
dit M. Marie (1), peut interdire la cérémonie, il
ne l'organise pas. C'est au curé ou desservant de
fixer le parcours, de soumettre préalablement
ce parcours au maire. Au maire ensuite de défendre la sortie de l'église, s'il le juge convenable, ou seulement le parcours à travers telle rue
ou tel quartier de la ville... Mais si le maire a
le droit de défendre le passage dans une rue,
puisque, *a fortiori,* il est fondé à prohiber toute
procession, le curé, de son côté, peut refuser

jugement rendu le 4 novembre 1896 par le tribunal de
simple police de Saint-Denis. Ce tribunal a décidé qu'il y
a procession si la cérémonie a lieu, non sur la voie publique, mais sur un cours d'eau. « Ce jugement, dit la
Revue administrative du culte catholique (1896, p. 359), dé-
montre avec une sagacité peu vulgaire que des ecclésiastiques marchent, lorsque ne marchant pas, ils se trouvent
sur un bateau qui, lui, marche. Evidemment, M. le juge de
paix de Saint-Denis a rendu un service signalé à tous ceux
qui conservaient des doutes en chantant la célèbre question : « Maman, les petits bateaux, qui vont sur l'eau,
ont-ils des jambes ? »

(1) MARIE, *Régime légal des paroisses,* p. 122.

absolument de passer par les rues que le maire lui désigne et rester dans son église, car lui seul a qualité pour organiser la procession. »

Une fois l'itinéraire arrêté, la procession peut avoir lieu en toute liberté ; durant la cérémonie la voie publique est affectée à l'exercice du culte et, par suite, momentanément, la liberté de la circulation disparaît ; tout individu qui troublerait le cortège pourrait être poursuivi pour entrave au libre exercice du culte, conformément aux articles 261 et 262 du Code pénal. Mais si l'on peut interdire aux passants tout fait de nature à troubler la procession, on ne saurait leur imposer d'accomplir un acte positif quelconque ; c'est ainsi que personne ne peut être contraint à se découvrir, à fléchir le genou sur le passage du cortège, etc... C'est encore en vertu de ce même principe que personne ne peut être contraint de placer des tentures sur la façade de sa maison ou de la décorer à l'occasion du passage d'une procession. — Il n'en a pas toujours été ainsi ; vers l'an X, on ne soumettait pas à la génuflexion, qui est un signe d'adhésion au culte catholique, ceux qui, ne professant pas ce culte, rencontraient une procession sur la voie publique, mais la tenture était considérée comme un honneur purement civil rendu à une portion du peuple passant solennellement dans la rue et que l'on pouvait exiger sans porter atteinte à la liberté de conscience (1).

Un maire peut-il interdire à des musiciens convoqués par le curé pour assister à une procession de jouer sur la voie publique ? Dalloz se prononce pour la négative, et ce n'est pas sans

___

(1) JAUFFRET, *Mémoires historiques sur les affaires ecclésiastiques de France*, t. I, p. 246, note.

de sérieux motifs (1). « Prises en elles-mêmes, dit cet auteur, les processions étant un acte religieux, une cérémonie de la liturgie catholique, il va de soi que c'est aux ministres du culte qu'il appartient d'en ordonner la composition et la pompe, notamment en ce qui concerne la musique qui doit s'y faire entendre. Et puisque c'est la procession catholique, telle qu'elle se constitue, qui a été autorisée par la loi à se déployer extérieurement, il est évident que la sortie sur la voie publique n'est de nature à modifier en rien les attributions de clergé quant à l'organisation des processions, attributions résultant du caractère même de la cérémonie dont il s'agit. Il semble dès lors impossible d'admettre qu'un arrêté municipal défendant à tout musicien de jouer dans les rues sans autorisation du maire, arrêté compétemment rendu en thèse genérale, puisse être considéré comme légal, en tant qu'il s'appliquerait à la musique faite dans le cortège de la procession par des musiciens qui participent à cet acte du culte sur l'invitation du curé, organisateur de droit de cette fête religieuse. Cet arrêté ainsi appliqué apporterait une entrave à la liberté du culte extérieur. Comment, dès lors, pourrait-il être légal, puisqu'il fait directement échec à la loi spéciale qui a eu pour objet de régler la matière ? » — Mais le Conseil d'Etat n'accepte pas cette théorie et reconnaît aux maires le droit d'interdire la musique dans tous les cortèges qui passent sur la voie publique (2).

(1) Dalloz, *Recueil périodique*, 1879, 1, 185.
(2) *D. du 26 janvier* 1880 ; *D. du 7 août* 1880 ; *D. du 1ᵉʳ décembre* 1891 ; *D. du 31 mars* 1901.
Voici quelques considérants de ce dernier arrêt :
«... Considérant que, pour faire déclarer qu'il y a abus dans l'arrêté du maire de Sainte-Florine, en date du 9 juin 1900,

Les tribunaux judiciaires semblent plutôt incliner vers l'illégalité de semblables prohibitions (1).

Le curé ayant la police des processions peut y interdire le port de toute bannière ou autre insigne qu'il juge convenable de ne pas y admettre : il pourrait de même faire écarter de la procession toute personne qui, par sa tenue, serait une cause de trouble ou de scandale pour les assistants.

Enfin une dernière question se pose au sujet des processions. Des reposoirs peuvent-ils être élevés sur la voie publique ? — La Cour de cassa-

l'abbé Devin et consorts s'appuient sur ce que, en interdisant sur la voie publique, à l'occasion des convois funèbres, les chants et insignes religieux, l'usage d'instruments de musique et le port d'ornements sacerdotaux, ledit arrêté aurait violé l'article 18 du décret du 23 prairial an XII et l'article 2 de la loi du 15 novembre 1887 sur la liberté des funérailles ; — Considérant que les interdictions ci-dessus énumérées n'ont eu pour but que de supprimer dans les enterrements les cérémonies extérieures du culte ; que si les maires ne peuvent sans abus interdire d'une façon générale et par mesure de police le port d'insignes religieux sur le territoire de leur commune, il résulte de l'arrêté du 14 juin 1900 que le maire de Sainte-Florine n'a prononcé la prohibition relative aux insignes religieux qu'en tant que le port desdits insignes constitue un des éléments des cérémonies auxquelles, dans les communes où il n'y a pas de temple consacré à un autre culte, le clergé paroissial peut procéder, lorsqu'il prend part à la cérémonie civile de l'inhumation sur la voie publique ; — Considérant que si l'article 18 du décret du 23 prairial an XII autorise implicitement, en conformité de l'article 45 de la loi du 18 germinal an X, les cérémonies extérieures du culte, cette disposition ne fait pas obstacle aux mesures que les maires croient devoir prendre dans l'intérêt du bon ordre et de la tranquillité publique durant la marche des convois funèbres, etc... »

(1) *Jugement du tribunal correctionnel de Brioude, 5 novembre 1901.*

tion s'est prononcée pour la négative (1), sous prétexte que l'interdiction d'embarrasser la voie publique, prononcée par l'article 471, n° 4, du Code pénal est générale et n'admet d'autre excuse que la nécessité (2). — Cette doctrine ne nous paraît pas acceptable. Du moment que le conseil municipal peut, avec l'approbation du préfet, changer l'affectation d'une propriété communale déjà affectée à un service public et cela d'une manière permanente ; du moment que les communes délivrent des permis de stationnement et de location sur la voie publique qui supposent un encombrement sinon permanent, du moins habituel de la voie publique (a. 68, n° 5, et art. 133 de la loi du 5 avril 1884), il semble logique d'admettre que l'autorité municipale puisse *a fortiori*, avec l'autorisation du préfet, changer momentanément et accidentellement l'affectation d'une partie de la rue ou de la place publique. De plus, qui ne voit que l'art. 471, n° 15, du Code pénal, en parlant des dépôts de *matériaux* ou de *choses quelconques*, ne vise nullement le cas d'érection d'un reposoir ? Et enfin il est de jurisprudence constante que l'on peut ériger des croix, des statues et des calvaires sur des dépendances du domaine pu-

______

(1) *Cassation*, 25 *mai* 1882 (D. P. 1882-1-438) ; *Cassation*, 6 *mars* 1884 ; 21 *novembre* 1884 ; 10 *janvier* 1885. (D. P. 1885-1-47 et 178.)

(2) Article 471, n° 4, du C. pénal : « Seront punis d'amende, depuis un franc jusqu'à cinq francs inclusivement : 4° ceux qui auront embarrassé la voie publique en y déposant ou en y laissant sans nécessité des matériaux ou des choses quelconques qui empêchent ou diminuent la liberté ou la sûreté du passage ; ceux qui, en contraventions aux lois et règlements, auront négligé d'éclairer les matériaux par eux entreposés ou les excavations par eux faites dans les rues et places. »

blic ; n'est-ce pas le cas de dire: *qui potest plus, potest et minus ?* (1)

Quoi qu'il en soit, il est bien certain que si un reposoir devait être établi sur une propriété particulière, dans une cour, sous une porte cochère, dans un corridor, aucune autorisation ne serait nécessaire.

(1) V. Fédou, *Police du culte* (10ᵉ édition), pp. 130 s. ; — Marie, *Régime légal des paroisses*, p. 141 ; — Caulet, *L'avocat du clergé*, p. 77 ; — André, *Législation civile ecclésiastique.* Vᵒ *Calvaire.*

CHAPITRE IV

PORT DU SAINT VIATIQUE

Il est aujourd'hui admis par la jurisprudence du Conseil d'Etat que les arrêtés des maires peuvent interdire toute manifestation du culte sur la voie publique, à l'occasion de l'administration des secours religieux aux malades (1); cette même jurisprudence n'admet pas toutefois que l'interdiction soit basée sur des motifs fantaisistes (2).

Un point doit être bien établi; c'est que les arrêtés qui interdisent les *processions* n'interdisent pas, par le fait même, le *port du saint Viatique*; ce sont là, en effet, deux cérémonies bien distinctes; et si, pour la seconde, l'on s'en tient exactement aux prescriptions du Rituel (3), on ne viole nullement les prohibitions

(1) *D. 6 août 1897, abbé Liénard.*

(2) *Conseil d'Etat,* 13 août 1895. Le Conseil a considéré, en l'espèce, que le fait d'interdire le port du saint Viatique, parce que cette manifestation a pour grave inconvénient d'effrayer les habitants qui se rendent ainsi compte de l'importance de la mortalité, constitue un détournement de pouvoir.

(3) Rituel de Paul V et de Benoit XVI : « Le Saint-Sacrement doit être porté de l'église au domicile des malades

d'un arrêté municipal qui ne vise que les processions.

Nous ne croyons pas que l'on puisse dire que dans toutes les communes où les processions sont interdites, le port du saint Viatique n'est permis qu'à la condition d'être dépouillé de tout cérémonial extérieur. M. l'abbé Fédou cite à l'appui de cette opinion le décret sur abus du 13 août 1895 et l'arrêt de cassation du 12 janvier 1900 (1). — Or, dans le cas du décret du 13 août 1895, le maire n'avait pas seulement interdit les processions mais « toute manifestation du culte sur la voie publique, à l'occasion de l'administration des secours religieux aux malades(2) ». Et dans le cas de l'arrêt de cassation du 12 janvier 1900, les processions, il est vrai, étaient seules interdites, mais les cérémonies du port du saint Viatique avaient trop pris les caractères d'une procession pour que la Cour ait su y reconnaître une cérémonie de nature

sous un voile blanc, être tenu d'une manière visible et digne sur la poitrine, avec crainte et parfaite révérence ; une lumière le précèdera toujours ; deux clercs le suivront, l'un portera l'eau bénite, le goupillon et la bourse contenant un corporal... l'autre portera le Rituel et agitera sans interruption la sonnette. »

(1) Fédou, *Traité de la police du culte* (10° édition), p. 302.

(2) *Conseil d'Etat*, 13 août 1895. — Le Conseil d'Etat, etc... Considérant que l'article 45 de la loi du 18 germinal an X interdit les cérémonies religieuses hors des édifices consacrés au culte catholique, dans les villes où il y a des temples consacrés à différents cultes ;

Considérant que la ville de Lille se trouve dans les conditions prévues par ledit article ; qu'il suit de là que l'abbé Liénard n'est pas fondé à soutenir qu'il y a abus dans l'arrêté, en date du 3 août 1881, par lequel le maire de Lille a, par application de l'article 45 susvisé, interdit « toute manifestation du culte sur la voie publique à l'occasion de l'administration de secours religieux aux malades... »

différente : à l'appel d'une sonnerie spéciale, des fidèles s'étaient réunis dans l'église paroissiale où un cortège s'était formé et s'était mis en marche dans un ordre processionnel, le bedeau avec ses insignes marchant en tête, suivi de trois enfants de chœur dont l'un portait la croix et un autre, à l'aide d'une clochette, annonçait le passage du saint Viatique ; venaient ensuite cinquante personnes marchant processionnellement sur deux rangs entre lesquels se tenaient deux prêtres revêtus du surplis et chargés de régler la marche du cortège, enfin le célébrant assisté d'un autre prêtre, du sacristain, de trois enfants de chœur portant des flambeaux allumés et des fidéles marchant derrière le dais (1). Sans doute, au point de vue liturgique, aucun de ces éléments pris ensemble ou séparément ne changeait la nature de la cérémonie, mais il faut reconnaître, qu'aux yeux du public et aux yeux même de la Cour de cassation, le port du saint Viatique

---

(1) *Cour de cassation*, 12 *janvier* 1900. — La Cour, etc... « Attendu que, si le port du viatique est un acte extérieur du culte qui est toujours licite, il ne saurait en être de même de la *procession* qui est organisée à l'occasion de cet acte dans les communes où les processions sont interdites sur la voie publique ; que l'arrêté municipal dont l'application était requise contre les inculpés interdit les processions extérieures par des dispositions générales et absolues qui ne comportent aucune exception : que la tradition et les usages locaux invoqués par le jugement attaqué ne peuvent prévaloir contre les dispositions formelles dudit arrêté ;

« Attendu que des faits constatés à la charge des inculpés, il résulte *qu'à l'occasion du port du viatique ils ont organisé et effectué une procession* qui tombe sous le coup de l'article 1er de l'arrêté du 12 août 1882 ; qu'en décidant le contraire, le jugement attaqué a faussement interprété ledit article et violé l'article 471, n° 15, du Code pénal... »

avait, en cette circonstance, la *forme*, l'aspect d'une procession, ce qui explique qu'on ait fait porter sur lui la prohibition d'un arrêté qui interdisait les seules processions. Au surplus, la jurisprudence des tribunaux judiciaires est-elle très favorable à notre interprétation (1). La Cour de cassation elle-même, dans trois arrêts du 16 fé-

(1) *Tribunal de simple police de Toulouse*, 15 *mars* 1902.

« Attendu qu'il ne s'agit plus, dans l'espèce, des processions proprement dites prohibées par les arrêtés municipaux du 8 mars 1882 et du 9 juin 1884, mais bien des cérémonies religieuses réalisées à l'occasion du port du viatique aux malades pendant la période pascale ; que ces cérémonies, dans les conditions et dans les circonstances où elles se sont produites sur la voie publique de cette ville, les 15, 17, 18 et 19 avril 1901, n'établissent pas une manifestation extérieure du culte prohibée, mais constituent seulement la cérémonie autorisée du port du viatique ;

« Attendu que ces principes constants sont constatés, non seulement par un arrêt de la Cour de cassation, du 26 février 1887, rapporté dans Sirey, 1888, 1, 141, qui rejette le pouvoir fait contre un jugement de M. le juge de paix de Toulouse, mais aussi par un autre arrêt de la Cour, en date du 27 novembre 1897, rapporté également dans Sirey, 1898, 1, 160 ; que ces principes sont d'ailleurs longuement confirmés dans une note remarquable de de M. Hauriou, mise au bas de divers décrets en Conseil d'Etat, laquelle est reproduite dans Sirey, 1896, 3, 21 ;

« Attendu que la similitude et l'uniformité des faits contraventionnels relevés dispensent le tribunal d'individualiser la cause à l'égard de chacun des prévenus et lui permettent de les comprendre tous dans une même procédure pour aboutir à un jugement commun ;

« Par ces motifs,

« Dit et déclare que les faits contraventionnels relevés ne tombent pas sous l'application des arrêtés municipaux des 8 mars 1882 et 6 juin 1884 ; ..... »

« En conséquence,

« Casse et annule les procès-verbaux des 15, 16, 17, 18 et 19 avril 1901 ;

« Rejette, par voie de suite, la poursuite engagée par le ministère public contre tous les prévenus ;

vrier 1887, du 27 novembre 1897 et du 24 janvier 1903 a statué dans ce sens (1). De telle sorte que si l'on considère les tendances générales de la jurisprudence actuelle du Conseil d'Etat

(1) *Arrêt dé la Cour de cassation*, 24 *janvier* 1903. — La Cour, etc... Ouï M. le conseiller Laurent Atthalin en son rapport, et M. l'avocat général Bonnet en ses conclusions :

Sur l'unique moyen proposé par le ministère public demandeur au pourvoi et pris de la violation par fausse interprétation des arrêtés du maire de Toulouse des 8 mars 1882 et 6 juin 1884, ensemble de l'article 471, n° 15, du Code pénal, en ce que le jugement entrepris aurait refusé d'appliquer lesdits arrêtés à une procession organisée à l'occasion du port du viatique aux malades ;

Attendu qu'aux termes de l'arrêté du 8 mars 1882 « les processions sont interdites dans la ville de Toulouse », et qu'aux termes de l'arrêté du 6 juin 1884 « l'interdiction des processions, édictée par l'arrêté susvisé du 8 mars 1882, est étendue à tout le territoire de la commune de Toulouse » ;

Attendu que le jugement attaqué constate en fait, d'après les enquêtes suivies à l'audience, qu'aux dates des 15, 17, 18 et 19 avril 1901, visées par la poursuite, le port du viatique à divers malades, durant la période pascale, a été effectué sans itinéraire indiqué à l'avance, sans croix bannières ni oriflammes, sans chants ni prières ; qu'un prêtre seul, marchant sous un dais, était accompagné de porteurs de « flamberges et d'enfants de chœur, dont l'un agitait une sonnette » ; qu'en avant était un « mande » nanti de la liste des malades à visiter, — et qu'enfin c'était spontanément et sans invitation préalable que plusieurs personnes, parmi lesquelles des religieuses, s'étaient mises à la suite ; qu'en cet état des faits par lui souverainement constatés, le jugement entrepris a pu, sans violer les arrêtés sus-transcrits du maire de Toulouse, prononcer le renvoi des fins de la prévention ;

Par ces motifs,

Rejette le pourvoi du ministère public près le tribunal de simple police de Toulouse contre le jugement de ce tribunal du 15 mars 1902, portant relaxe des abbés Ricard, Challiol, Alibert, Contrasty, Bastié, pris comme prévenus, Albouy et Delpech, pris comme civilement responsables.

et de la Cour de cassation l'on aboutit en résumé aux principes suivants :

1° En droit, le port du saint Viatique, *sans cérémonie extérieure*, ne peut jamais être interdit.

2° Le Conseil d'Etat admet que les arrêtés des maires peuvent interdire toute cérémonie extérieure à l'occasion du port du saint Viatique (D. 13 août 1895).

3° La Cour de Cassation reconnaît que les arrêtés qui interdisent les processions ne sont pas applicables au port du saint Viatique (Cassation, 24 janvier 1903) à moins que cette dernière cérémonie ne dégénère en véritable procession (Cassation, 12 janvier 1900).

CHAPITRE V

DES CONVOIS FUNÈBRES

Le texte qui gouverne cette matière est l'article 18 du décret du 23 prairial an XII : « Les cérémonies précédemment usitées pour les convois suivant les différents cultes seront rétablies et il sera libre aux familles d'en régler la dépense selon leurs moyens ou facultés, mais hors de l'enceinte des églises et des lieux de / sépulture, les cérémonies religieuses ne seront permises que dans les communes où l'on ne professe qu'un seul culte, conformément à l'article 45 de la loi du 18 germinal an X. »

La jurisprudence du Conseil d'Etat assimile les convois aux processions en ce qui concerne le trajet à effectuer de la maison mortuaire à l'église et de l'église au cimetière. Le Conseil est d'avis que si l'article 18 du décret du 23 prairial an XII autorise en principe la liberté des convois dans les villes où l'on ne professe qu'un seul culte, ce texte ne fait pas obstacle aux mesures que les maires croiraient devoir prendre pour assurer le maintien du bon ordre et la libre circulation sur la voie publique (1).

(1) *Conseil d'Etat, 28 juillet* 1895 et 31 *mars* 1901.

Il faut donc appliquer en cette matière tout ce que nous avons dit au sujet des processions (1).

Mais à l'intérieur des cimetières, de même qu'à l'intérieur des églises, les cérémonies religieuses ne peuvent être interdites sous le prétexte que l'on professe dans la commune différents cultes. L'article 18, cité plus haut, est formel : « *hors de l'enceinte des églises et des lieux de sépulture*, les cérémonies religieuses ne seront permises, etc... » Cette disposition réservant les cimetières au même titre que les églises (2), il y aurait certainement abus dans l'arrêté d'un maire qui interdirait les cérémonies religieuses jusqu'à l'intérieur des lieux de sépulture.

Si aucun arrêté n'interdit les convois funèbres religieux, à qui appartient-il de fixer le parcours ? — Il n'y a pas à ce sujet unanimité dans la jurisprudence. La Cour de cassation a reconnu aux maires le droit de fixer l'itinéraire des convois dans un arrêt du 23 janvier 1874 : « Attendu, est-il dit en cet arrêt, que le préfet du Rhône a pu, aux lieu et place du maire de

---

(1) Le 26 avril 1894, le Conseil d'Etat a déclaré qu'il y avait cérémonie religieuse tombant sous le coup d'interdiction municipale « si le prêtre seul, revêtu des emblèmes de son ministère, accompagné d'un employé portant la croix et le bénitier, précède le corps jusqu'au cimetière où il bénit la tombe et dit les dernières prières.

V. *Recueil des arrêts du Conseil d'Etat*, 1894, p. 753 et la note de M. Hauriou dans Sirey, 1896-3-21.

(2) V. la lettre de Bernier à Consalvi en date du 11 juillet 1801, reproduite par le cardinal Mathieu dans son remarquable ouvrage sur le *Concordat de* 1801, p. 237, s. Il y a dans cette lettre une déclaration officielle que les restrictions à la publicité du culte ne pourraient porter que sur les cérémonies extérieures.

la ville de Lyon, prendre un arrêté fixant les heures des convois funèbres ainsi que leur itinéraire... que l'arrêté du 7 avril 1873 est dès lors obligatoire... » Le Conseil d'Etat s'est prononcé récemment dans le même sens. Le maire de Delle (Haut-Rhin) ayant imposé un itinéraire obligatoire pour aller de la maison mortuaire à l'*église* et de l'*église* au cimetière, le Conseil d'Etat a déclaré qu'il n'y avait là aucun abus (1). Au contraire, le tribunal correctionnel de Belfort a déchargé le curé de Belfort des amendes prononcées contre lui par le juge de simple police et a déclaré que l'arrêté du maire était dépourvu de toute force légale, au nom de l'article 2 de la loi du 15 novembre 1887 qui défend d'établir des prescriptions particulières applicables aux funérailles en raison de leur caractère confessionnel. C'était bien le cas dans l'arrêté du 7 avril 1873, qui parlait seulement de l'itinéraire de la maison mortuaire à l'*église* et de l'*église* au cimetière.

Nous croyons, pour notre part, qu'il faut ici adopter la même règle que pour les processions : le curé ayant la police des cérémonies religieuses, et les convois funèbres avec participation du clergé étant des parties constitutives d'une cérémonie religieuse (2), c'est lui qui doit en principe fixer l'itinéraire (3) ; mais comme le maire a la police de la circulation et du bon ordre, il pourra opposer son veto, s'il le

----

(1) *Conseil d'Etat,* 22 *mai* 1901. V. *Revue administrativ du culte catholique,* 1901, p. 325.

(2) *Cour de Cassation, arrêt du* 12 *août* 1882. — V. *Revue administrative du culte catholique,* 1899, p. 249.

(3) V. décisions de la S. Congrégation des Rites du 11 août 1691 et du 15 septembre 1742 : *Cadavera recto tramite et via breviori ad ecclesiam deferri debent, dummodo via sit commoda et decens.*

juge nécessaire ; en cas de désaccord, il sera convenable de recourir à la fois à l'évêque et au préfet.

Dans les cas d'absolue nécessité, et en particulier dans le cas d'épidémie, le maire peut, dans l'intérêt de la salubrité publique, interdire de présenter les corps des décédés à l'église (1).

Le curé ayant, sauf recours à l'évêque, le droit d'organiser et de diriger les cérémonies religieuses des funérailles, il peut assigner à chacun des assistants une place dans le cortège ; de même il peut interdire à une société musicale ou chorale de jouer ou de chanter pendant les enterrements ; il peut enfin exclure du cortège tout drapeau ou emblème hostile ou non bénit, tels que les insignes des sociétés antireligieuses ou les bannières qui n'auraient pas été bénites.

Telle n'est pas cependant la théorie actuelle du Conseil d'Etat qui rejette toutes les décisions contenues dans le précédent paragraphe (2), en s'appuyant sur ce principe que les transports de corps et inhumations sont des actes civils dont le caractère n'est pas changé par l'assistance du clergé (3). — Il est inutile de dire que cette

(1) V. Marie, *Régime légal des paroisses*, p. 168 et Fédou, *Police du Culte*, p. 346.

(2) V. *D.* 22 mai 1901, *Revue administrative du culte catholique*, 1901, p. 249.

(3) *Conseil d'Etat*, 29 *décembre* 1900. — « Le Président de la République... considérant qu'en prenant des dispositions relatives aux transports de corps et aux inhumations, l'évêque d'Annecy s'est immiscé *dans des actes du ressort de la police municipale, actes dont le caractère civil n'est pas changé par l'assistance du clergé*, qu'il a ainsi commis une usurpation et un excès de pouvoir, cas d'abus prévus par l'article 6 de la loi du 18 germinal an X.

« Considérant en outre que l'interdiction édictée par ce prélat constitue un procédé de nature à troubler arbitrairement les consciences et qui a, en fait, dégénéré en scandale public, cas d'abus également prévu par l'article pré-

dénomination de cérémonie *civile* donnée aux enterrements *religieux* ne repose sur aucun fondement sérieux, et que les conclusions que l'on en tire sont, par suite, sans valeur.

Enfin, en ce qui concerne l'heure des convois funèbres, il paraît convenable qu'elle soit fixée d'un commun accord entre l'autorité religieuse et l'autorité municipale. C'est d'ailleurs dans ce sens que s'est prononcée une circulaire du ministère de l'Intérieur de 1869 (1).

Si le maire ne peut interdire les cérémonies religieuses à l'intérieur des cimetières sans abus de pouvoir, il ne peut aussi, bien que la loi ait proclamé la neutralité des lieux de sépulture, interdire aux particuliers de placer une statue,

---

cité ; considérant enfin que, dans la lettre ci-dessus visée, l'évêque publie une décision de la congrégation du Saint-Office, qui aurait été rendue le 31 août 1887 et à laquelle il n'aurait fait que se conformer :

« Qu'il est de maxime, dans le droit public français, que les bulles, brefs, rescrits, constitutions, décrets et autres expéditions de la Cour de Rome, à l'exception de ceux concernant le for intérieur seulement et les dispenses de mariage, ne peuvent être reçus, publiés ni autrement mis à exécution, sans avoir été préalablement vus et vérifiés par le gouvernement ; que cette règle a été formellement consacrée par l'article premier de la loi du 18 germinal an X ;

« Que, d'autre part, l'autorité et la juridiction des congrégations qui se tiennent en Cour de Rome n'ont été jamais reconnues en France ; que, spécialement, les décrets de la congrégation du Saint-Office n'ont été reçus à une autre époque et sous aucun régime et que leur exécution n'a jamais été autorisée ;...

« Le Conseil d'Etat entendu, décrète :

« Article 1. Il y a abus dans la lettre que M. Isoard, évêque d'Annecy, a adressée le 8 novembre 1900 aux curés de son diocèse... »

(1) V. *Journal des Conseils de fabrique*, 1855-56 p. 276 et *Revue catholique des Institutions et du Droit* (mai 1903, pp. 397 s.) — Article de M. Jac, professeur de Droit civil aux Facultés catholiques d'Angers.

une croix ou un autre emblème religieux sur une tombe de parent ou d'ami. « Il n'est point dérogé par les 2 articles précédents, dit l'article 12 du décret du 23 prairial an XII, aux droits qu'a chaque particulier, sans besoin d'autorisation, de faire placer sur la tombe de son parent ou de son ami une pierre sépulcrale ou autre signe indicatif de sépulture, ainsi qu'il a été pratiqué jusqu'à présent. » Lors de la discussion de la loi du 5 avril 1884, dans la séance de la Chambre des députés du 27 février 1883, et dans la séance du Sénat du 12 février 1884, le rapporteur de la loi a reconnu que l'on doit encore interpréter dans le sens que nous indiquons l'article 12 du décret de prairial.

CHAPITRE VI

ÉRECTION DE STATUES, CALVAIRES, ETC...

L'article 7 de la loi du 3 ventôse an III et l'article 13 de la loi du 7 vendémiaire an IV proscrivent des lieux publics tout signe particulier à un culte quelconque. Ces lois n'ont pas été abrogées d'une manière explicite mais leur abrogation résulte du Concordat et des lois qui ont admis la liberté du culte public et, de fait, elles ne sont plus exécutées (1). — Quant à dire que l'exhibition de signes particuliers à un culte heurte le principe de la liberté de conscience, c'est un pur sophisme, car il n'y a rien qui blesse la liberté de conscience dans le fait d'ériger une statue ou un autre monument religieux. D'ailleurs, si l'on admettait l'objection, qui ne voit que l'on pourrait du même coup faire tomber toutes les croix et toutes les cloches de nos églises? Ce que notre Constitution, ce que le Concordat ont voulu protéger, ce sont les croyances positives, non les haines ou les antipathies religieuses ; comprendre autrement la liberté, c'est sacrifier la liberté.

(1) V. la lettre précitée de Bernier au Cardinal Consalvi en date du 11 juillet 1881 (Cardinal Mathieu. — *Le Concordat de* 1881, p. 237 et s.).

Les curés, les fabriques, les communes peuvent donc ériger des calvaires, des croix, des statues sur des places publiques, dans les jardins publics, dans les rues, en se conformant néanmoins aux règlements administratifs et aux lois qui visent cette matière.

Quand le terrain sur lequel on veut bâtir un monument quelconque appartient à la commune, l'érection doit être autorisée par le conseil municipal dont la délibération est approuvée par le préfet (*a.* 68, *loi du 5 avril* 1884). — Si le monument doit être élevé sur un terrain appartenant au département ou à l'Etat, l'autorisation du conseil général ou du préfet est indispensable. Si le terrain appartient à un particulier, son consentement seul est nécessaire, mais en pareil cas, dit M. Marie, « la prudence commande de dresser un acte régulier, lequel peut être sous-seing privé seulement, mais doit être enregistré et transcrit au bureau de la conservation des hypothèques... c'est seulement dans le cas où il existe un acte régulier de concession que l'existence du monument religieux est garantie contre le changement de volonté du propriétaire du terrain ou de ses héritiers qui, dans le cas contraire, auraient le droit de réclamer plus tard la suppression du monument ».

Si le monument, bien que construit sur un terrain particulier, doit servir à un usage public, le maire doit donner son autorisation parce que la circulation et la tranquillité sur la voie publique, circulation et tranquillité qu'il a mission d'assurer, sont ici en quelque manière intéressées.

Dès qu'un monument quelconque a été érigé par l'autorité publique ou avec son autorisation, ce monument est placé sous la protection de la loi (1). Si le monument avait été érigé sans autorisation de l'autorité publique, il n'y aurait pas délit dans le fait de le détruire, de l'abattre ou de le mutiler, mais il y aurait ouverture à une demande de dommages-intérêts au profit de la commune ou du particulier lésé (2).

(1) *Art.* 257 *du Code pénal.* — Quiconque aura détruit, abattu, mutilé ou dégradé des monuments, statues et autres objets destinés à l'utilité ou à la décoration publique, et élevés par l'autorité publique ou avec son autorisation, sera puni d'un emprisonnement d'un mois à 2 ans et d'une amende de cent à cinq cents francs.

(2) V. *Jugement du tribunal correctionnel de Bressuire, 7 janvier 1832, et jugement du tribunal correctionnel de Saint-Etienne, 12 avril 1893.* — « Attendu, dit le premier de ces jugements, que l'article 6 de la Charte constitutionnelle du 7 août 1830 reconnaît que la religion catholique est la religion de la majorité des Français ; que l'art. 5, en assurant à toutes les religions la même protection, a mis nécessairement sous la sauvegarde des autorités publiques les objets qui servent aux différents cultes, que la croix est le signe le plus révéré du culte catholique et que s'il était permis d'abattre et de mutiler impunément les croix élevées avec l'autorisation des autorités publiques, de pareils faits blesseraient profondément les sentiment religieux de ceux qui sont sincèrement attachés à ce culte, pourraient les porter à craindre de ne pas le voir protéger d'une manière efficace et leur rappeler d'anciennes persécutions dont le souvenir doit rester à jamais effacé sous le régime d'institutions qui ont pour base l'ordre public, le respect des lois et la liberté ; que ces considérations ont encore plus de force dans un pays où, comme celui de la Vendée, les idées religieuses ont conservé beaucoup d'empire et où la mutilation et le renversement de croix pourraient avoir le plus fâcheux effet sur l'esprit des catholiques qui verraient dans de pareils faits, s'ils restaient impunis, une atteinte portée à leur croyance et à leur liberté religieuse ;

« Le tribunal faisant application de l'article 257 du Code pénal, lequel est ainsi conçu : Quiconque aura détruit, abattu, mutilé, ou dégradé des monuments, statues et autres objets destinés à l'utilité ou à la décoration publique

Le déplacement ou la suppression d'un monument religieux peut être ordonné par le maire dans les cas suivants: 1° s'il a été érigé par la commune sur un terrain dont celle-ci est propriétaire ; 2° si le monument a été construit sur un terrain communal, avec ou sans autorisation du maire ; 3° si ce monument, même érigé sur un terrain privé, mais avec une destination publique ou placé sur les limites de la voie publique devenait l'occasion de troubles sérieux (1). — Mais dans les deux derniers cas le maire ne saurait procéder lui-même au déplacement ou à la démolition sans avoir mis les propriétaires en demeure d'y procéder eux-mêmes ; il ne peut, de plus, dans ces deux cas employer les matériaux provenant de la démolition au profit de la commune.

Peut être notamment déclaré civilement responsable des conséquences de son acte le maire qui fait enlever et détruire une croix élevée sur un terrain communal par le curé dûment autorisé, alors qu'aucun avis n'a été donné ni au curé, ni au conseil de Fabrique, de la libération du Conseil municipal révoquant une précédente autorisation et que le maire a agi précipitamment, de façon clandestine, en dépassant même les limites établies dans la délibération (2).

et élevés par l'autorité publique ou avec son autorisation sera puni d'un emprisonnement d'un mois à 2 ans et d'une amende de 100 francs à 500 francs :
Condamne P. L. à un mois de prison et 100 francs d'amende.
(1) V. Fédou, *Police du culte*, p. 135 s.
(2) *Jugement du tribunal civil de Châteauroux*, 17 *mai* 1899. — Le Tribunal... Considérant que le demandeur, curé de Saint-Marcel, explique qu'au mois de janvier 1899, autorisé par le conseil municipal, suivant délibération du 26 décembre 1888, il a fait placer sur un terrain

Enfin si une fabrique ou un particulier se trouve en possession d'une croix, d'un calvaire, et en est dépossédé violemment, par exemple par un maire qui fait démolir ce monument

communal faisant angle entre la route d'Argenton et le chemin communal n° 3 une croix en bois de dix mètres de hauteur fixée sur un socle en pierre haut de deux mètres ; que, le 25 janvier 1898, le défendeur Camus, maire de la commune, a fait procéder sans le mettre en demeure, non seulement à l'enlèvement, mais à la destruction du monument érigé par lui et demeuré sa propriété ; qu'il conclut contre le défendeur, pris en son nom personnel, à une condamnation à 2.000 francs de dommages-intérêts ;...

Considérant qu'il reste à rechercher si le caractère abusif du fait relevé est prouvé ; que les faits matériels sont pour la plupart reconnus, et que l'abus ne saurait un instant être douteux ; que le maire et le curé étaient divisés par des animosités politiques ou locales ; que la délibération relative à l'enlèvement a été prise le 22 janvier ; qu'elle n'était affichée que le 26 ; que dès le 25 au matin la croix était abattue ; qu'aucun avis préalable n'en avait été donné, soit au curé, soit au Conseil de Fabrique ; que la majorité des « voix » à la délibération du 22 n'était que de 8 « voix » contre trois et une abstention sur 21 membres ; que le conseil invitait le maire à « faire enlever » le monument ; que de ces constatations il résulte que le défendeur a agi avec une extrême précipitation, de façon presque « clandestine » et en « dépassant même les termes de la délibération qu'il exécutait » ;

Qu'il était tenu à d'autant plus de réserve que la majorité des votants à la séance du 21 était moindre ; que sa mésintelligence avec le demandeur était notoire ; qu'il ne pouvait douter du trouble qu'apporterait au sein de la commune la destruction d'un monument religieux ; qu'il y a donc eu abus et faute dans le sens de l'article 1382, préjudice matériel et moral ; qu'il importe d'autant plus de tenir compte de ce dernier élément de préjudice que les faits dont il s'agit de poursuivre la réparation « ont été commis avec un esprit évident de malveillance et d'intolérance et sous le couvert d'une fonction publique » ; que le droit privé doit être protégé contre l'abus de cette fonction, à quelque rang, inférieur ou supérieur, qu'elle occupe dans la hiérarchie ; que le tribunal possède des

sans autres formes, la fabrique ou le particulier peut, sans rien préjuger sur la propriété et sur la saisine possessoire, intenter l'action en réintégrande pour faire réprimer la dépossession violente. Pour exercer utilement cette action, il suffit que le demandeur établisse une possession actuelle et matérielle au moment où il a été dépouillé et la dépossession effective par violence ou voie de fait (1).

éléments pour fixer le montant des dommages-intérêts ;

Considérant que la partie qui succombe doit supporter les dépens ;

Déboute le sieur Camus de ses diverses conclusions :

Par ces motifs,

Le condamne à payer au demandeur, le sieur Lamamy, la somme de 1.500 francs à titre de dommages-intérêts à 5 0/0 à compter du jour de la demande ;

Le condamne en outre aux dépens, qui comprendront, à titre de supplément de dommages-intérêts, tous droits, doubles droits et amendes de timbre et d'enregistrement auxquels pourra donner lieu la présente instance.

(1) *Tribunal de simple police de Lille du 23 juillet* 1901.

« Attendu qu'il est constant et d'ailleurs non contesté que Delory, en sa qualité de maire de la ville de Lille, a fait procéder le 4 mars et jours suivants à la démolition du Calvaire connu sous le nom de « Dieu-de-Marcq », érigé au faubourg Saint-Maurice, à l'angle de la rue du Ballon et de la rue de la Louvière, et ce, sans avis préalable et mise en demeure, mais, au contraire, malgré la défense de continuer cette démolition qui lui a été signifiée, à la requête du demandeur, par exploit de Lherminez, huissier à Lille, du 8 mars même mois, enregistré ;

« Attendu que ces faits et circonstances, établis, en outre, par un constat du même huissier et de même date aussi enregistré, constituent bien la dépossession par voie de fait et même par violence ;...

« Disons recevable en la forme et au fond l'action en réintégrande intentée par le conseil de fabrique de la paroisse de Saint-Maurice-des-Champs contre Delory, pris seulement en sa qualité de maire de Lille ; mettons Delory hors de cause en tant que pris en son nom personnel :

« Disons que le dit Conseil de Fabrique sera réintégré en sa jouissance et détention du Calvaire dit « Dieu-de-Marcq » ;

« Condamnons, en conséquence, Delory, en qualité de maire de la ville de Lille, à rétablir dans la quinzaine de la signification du présent jugement ledit Calvaire au même lieu et dans le même état où il était avant sa démolition ;

« Disons que, faute par lui de ce faire dans le délai imparti, le Conseil de Fabrique de Saint-Maurice-des-Champs est autorisé à faire procéder à la reconstitution dudit Calvaire, aux frais du défendeur ès qualité, que nous condamnons, en ce cas, à en rembourser le coût au demandeur sur la présentation du mémoire acquitté de l'entrepreneur chargé des travaux :

« Condamnons Delory, ès qualité, aux dépens. »

CHAPITRE VII

Conclusion

L'on a pu voir, dans le cours de cet ouvrage, combien a été restreinte par l'autorité civile la liberté garantie aux catholiques par l'article 1 du Concordat. Au surplus, cette liberté n'est-elle pas un privilège, puisqu'elle a été promise par toutes nos constitutions et à tous les citoyens, depuis plus d'un siècle.

On a invoqué pour la restreindre l'ordre public qui parfois pourrait être troublé par des manifestations hostiles, plus ou moins violentes. A moins de circonstances exceptionnelles, cette raison est sans valeur. Les catholiques ne payent-ils pas, comme les autres citoyens, les impôts qui entretiennent l'armée et la police, chargées d'assurer le respect de leurs droits et de leurs libertés? Si donc, des fanatiques, des gens de désordre, veulent attenter à ces droits, le rôle du gouvernement n'est pas de capituler, mais de mettre la force publique au service de l'ordre et de la liberté menacés.

Que les catholiques ne réclament en leur faveur aucun privilège, qu'ils se placent uniquement sur le terrain du droit commun ; il est assez ferme pour qu'ils puissent y faire prévaloir toutes leurs revendications ; que des unions de catholiques, que des comités de commerçants, souvent lésés par les interdictions municipales, s'organisent et pétitionnent sans se lasser : nous serons inattaquables, si nous n'invoquons que ce principe fondamental de la liberté dont se réclament nos adversaires eux-mêmes (1).

(1) « Que demandons-nous ? — Nous n'allons pas jusqu'à demander la protection, *nous ne demandons que la liberté*, et cela nous suffirait pour renouveler la face des choses car nous ne travaillons que pour le bien. » Paroles de Léon XIII à Mgr Rumeau, évêque d'Angers, d'après une lettre adressée de Rome par Mgr Rumeau à l'abbé Grellier son vicaire général. *Univers* du 27 mars 1900.

TABLE DES MATIÈRES

FIN

IMPRIMERIE BUSSIÈRE. — SAINT-AMAND (CHER)